新型电力系统

省级示范区建设技术路径

国网福建省电力有限公司电力科学研究院 编

陈金玉 主编

中国电力出版社

CHINA ELECTRIC POWER PRESS

内 容 提 要

加快构建新能源占比逐渐提高的新型电力系统是能源电力转型的发展方向。本书旨在探索新型电力系统省级示范区建设技术路径，以期为新型电力系统建设实践提供参考借鉴。

本书系统性阐述新型电力系统省级示范区建设技术路径，并提供综合示范场景实践内容。

全书共五章，第一章为概述；第二章解读了新型电力系统基本概念；第三章围绕源、网、荷、储、综合技术五大领域，介绍新型电力系统技术研究框架；第四章探索了省级新型电力系统建设技术路径；第五章为综合示范场景实践。

本书既可供新型电力系统规划、科研及工程建设等领域的工作者阅读参考，也可作为高等院校电气工程专业师生的学习用书。

图书在版编目（CIP）数据

新型电力系统省级示范区建设技术路径 / 国网福建省电力有限公司电力科学研究院编；陈金玉主编. —北京：中国电力出版社，2022.12

ISBN 978-7-5198-7143-7

Ⅰ. ①新… Ⅱ. ①国… ②陈… Ⅲ. ①电力系统—示范区—建设—福建 Ⅳ. ① F426.61

中国版本图书馆 CIP 数据核字（2022）第 186119 号

出版发行：中国电力出版社
地　　址：北京市东城区北京站西街 19 号（邮政编码 100005）
网　　址：http://www.cepp.sgcc.com.cn
责任编辑：赵　杨（010-63412287）
责任校对：黄　蓓　王海南
装帧设计：王英磊
责任印制：石　雷

印　　刷：北京博海升彩色印刷有限公司
版　　次：2022 年 12 月第一版
印　　次：2022 年 12 月北京第一次印刷
开　　本：710 毫米 ×1000 毫米　16 开本
印　　张：10.75　　插　页 1
字　　数：194 千字
定　　价：68.00 元

《新型电力系统省级示范区建设技术路径》
编 委 会

主　　任　阮前途　蔡鸿贤

主　　编　陈金玉

副 主 编　李　超　傅　俪　李智诚　陈茂新

编写人员　曾志杰　张振宇　杜　培　刘冰倩
苏清梅　夏晓健　吴翔宇　王珏莹
方超颖　钱　健　张伟骏　陈伟铭
范元亮　郑凌娟　吴　涵　陈奕扬
林文彬　周泽友　林文斌　鲍国俊
郑红旭　辛宇晨　蔡　强　戴立宇
吴璐阳　罗　翔　许　军　王忠平
林晨翔　沈一民　赵　耀　谢朝辉
张　波　陈炳艺　唐志军　邓超平
曾振松　阙定飞　沈　豫　李泽文
林亚涛　张伟豪　吴文斌　廖飞龙
熊嘉丽　徐振华　姚　晔　李颖杰

前言

2021年，党中央提出构建新能源占比逐渐提高的新型电力系统，推动清洁电力资源大范围优化配置。这是国家着眼加强生态文明建设、保障能源安全、实现可持续发展做出的一项重大部署，对能源电力转型发展具有重要的指导意义，为能源电力发展指明了科学方向、提供了根本遵循。2021年7月13日，国家电网有限公司印发新型电力系统行动方案，将青海、浙江、福建列为新型电力系统省级示范区。通过省级示范区的先行先试，以点带面推进新型电力系统建设。

国网福建省电力有限公司在探索省级示范区建设过程中发现一线员工对新型电力系统技术创新存在迫切需求，但存在认识不到位、立项目的不明确、技术路径不清晰等问题。基于这样的实际情况，本书系统解读了新型电力系统的基本概念，提出“能源供给新格局、电网结构新形态、多元负荷新特性、储能应用新场景、综合技术新赋能”五大领域技术研究框架，总结提炼适应不同省域特征的典型路线和示范场景，以期为推进省级示范区建设提供有价值的参考。

本书由国网福建省电力有限公司电力科学研究院组织编写。本书的第一章由陈金玉编写，第二章由陈金玉、李超编写，第三章由陈金玉、李智诚、张振宇、夏晓健、杜培、刘冰倩、苏清梅、曾志杰等编写，第四章由陈金玉、傅俪、郑凌娟等编写，第五章由陈茂新、吴翔宇、傅俪等编写。全书由李超、李智诚、王珏莹、陈奕扬、郑红旭统稿。陈金玉、李超、李智诚对全书进行了审核并负责全书的评审工作。

本书在编写过程中参考和借鉴了许多专家学者的观点和研究成果，引用了有关资料、案例等，在此向相关作者表示深深的谢意。

随着新型电力系统建设的全面开展，相关技术将加速迭代和升级。鉴于编者时间和水平有限，在资料的搜集挖掘和理解引用方面可能存在些许偏颇，恳请广大读者批评指正。

编者

2022年6月

目录

第一章

概述

2021年，党中央明确提出构建新能源占比逐渐提高的新型电力系统，推动清洁电力资源大范围优化配置。这是国家着眼加强生态文明建设、保障能源安全、实现可持续发展做出的一项重大部署，对能源电力转型发展具有重要的指导意义，为能源电力发展指明了科学方向、提供了根本遵循。

新型电力系统是承载着实现“碳达峰、碳中和”目标，以确保能源电力安全为基本前提，以满足经济社会发展电力需求为首要目标，以坚强智能电网为枢纽平台，以交流同步运行机制为基础，以最大化消纳新能源为主要任务，以源网荷储互动与多能互补为支撑，具有清洁低碳、安全可控、灵活高效、智能友好、开放互动基本特征的电力系统。构建新型电力系统是落实国家能源转型战略部署，推动绿色能源创新发展、保障能源供应安全、提升能源产业基础能力的重要战略举措，也是一项极具挑战性、开创性的战略性工程，需要系统梳理新型电力系统发展脉络、概念及内涵，深入剖析新型电力系统技术特征，提出新型电力系统的构建原则和技术路径。

实现“碳达峰、碳中和”，能源是主战场，电力是主力军，电网是排头兵。电网连接电力生产和消费，是重要的网络平台，是能源转型的中心环节。国家电网有限公司、中国南方电网有限责任公司等是构建新型电力系统的引领者、推动者和先行者。2021年，国家电网有限公司印发新型电力系统行动方案、中国南方电网有限责任公司发布新型电力系统白皮书，以战略规划引领新型电力系统建设。其中国家电网有限公司正式将青海、浙江、福建列为新型电力系统省级示范区，通过加快建设不同资源禀赋和地域特色的省级示范区，以点带面、全面推进新型电力系统建设。

新型电力系统省级示范区的建设应围绕各自的资源禀赋、网架结构、运行特征、技术优势等，通过构建能源供给新格局、打造电网结构新形态、适应多元负荷新特性、引领储能应用新场景、提升综合技术新赋能探索新型电力系统省级示范区建设的技术路径。新型电力系统典型场景如图1-1所示。通过不同层级示范区与示范工程的建设，形成可复制、可推广模式，整体支撑省级示范区建设，推动我国新型电力系统技术迅速进步，带动相关产业高质量发展，奋力谱写全面推进新型电力系统建设的新篇章。

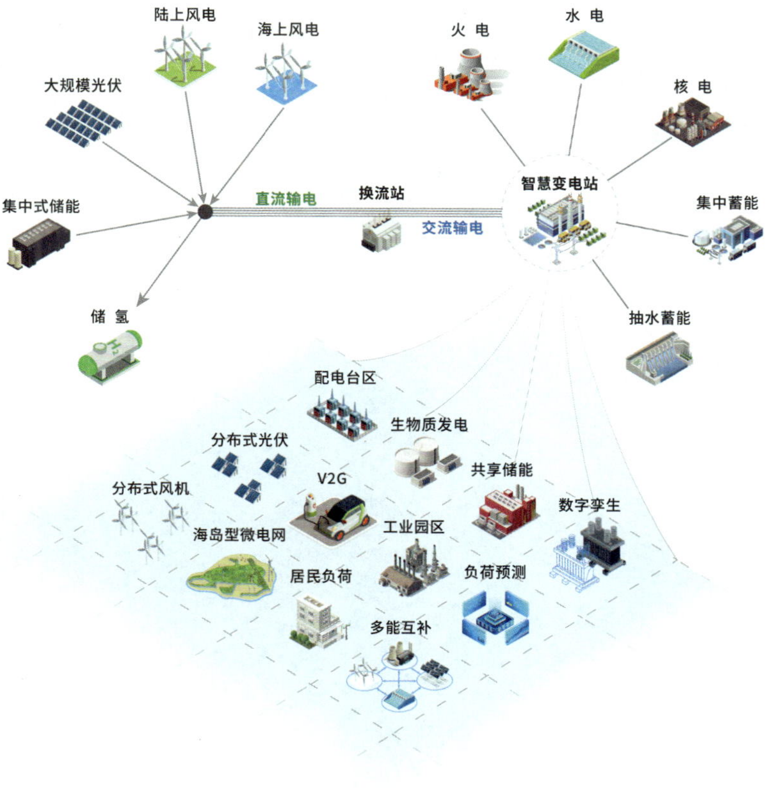

图1-1 新型电力系统典型场景

第二章

新型电力系统基本概念

新型电力系统目前并没有一个明确的统一定义，本章参考借鉴了各界对新型电力系统的认知，对新型电力系统概念进行系统解读。

第一节 基本认知

虽然新型电力系统尚无统一定义，但是各界对其认识已基本趋于一致：发展新型电力系统的过程，就是适应新能源占比逐渐提高的过程，核心是高比例可再生能源、高比例电力电子设备背景下电力系统的安全发展问题。新型电力系统是对传统电力系统的继承和发展，不是颠覆，也不是推倒重来。在构建新型电力系统过程中，应对其发展趋势有基本认知。

一、新型电力系统是传统电力系统升级转型的必由之路

从宏观层面来看，电力工业发展事关国家安全与国计民生。我国电力工业已从建国初期的小规模、分散供电系统，逐步发展成为世界上规模最大的全国互联电力系统，经历了由小到大、由弱变强的发展历程，有力支撑了国民经济快速发展和人民生活水平不断提高。从技术层面来看，高比例新能源系统低惯量、低短路容量等特征已威胁到电力系统的安全稳定运行，现有电网对高比例新能源的承载能力是有极限的，需要对电力系统进行全方位升级改造，构建新型电力系统成为电力系统升级转型的发展必然。

二、新型电力系统带来前所未有的变革升级

（1）从电源侧看，清洁能源发电逐渐成为装机和电量主体。预计2030年我国风能、太阳能发电等新能源发电装机规模将超过煤电，成为第一大电源；2060年前新能源发电量占比有望超过50%，成为电量主体。

（2）从电网侧看，形成以大电网为主导、多种电网形态相融并存的格局。交直流混联大电网是能源优化配置的主导力量，微电网、分布式能源和局部直

流电网快速发展，与大电网互通互济、协调运行。

（3）从负荷侧看，终端能源消费高度电气化和电力“产消者”大量涌现。预计2030年、2060年我国终端能源消费电气化水平将增长到39%、70%左右。随着多元用电负荷快速发展，许多电力用户既是电能消费者又是生产者，电力产销关系将发生深刻变化。

（4）从系统侧看，运行机理和平衡模式发生深刻变化。电力系统高比例可再生能源、高比例电力电子设备的“双高”特征进一步凸显，储能得到规模化应用，显著提升电力系统灵活调节能力，使得刚性系统变得柔性，形成源网荷储协同互动运行模式。

三、新型电力系统的构建是伴随着能源结构调整的长期过程

构建新型电力系统是一个逐步适应能源结构调整，不断提升电网配置能源资源能力的长期过程。电力系统技术资金密集，存量系统庞大，转型对路径高度依赖，渐进过渡式发展是其发展的客观规律。新型电力系统的构建需要顶层设计、整体谋划、循序渐进和不断探索。同时需有配套的体制机制，才能保障能源的供应、输送以及需求的整体安全。系统创新、体制创新、技术创新等在构建新型电力系统过程中缺一不可。

第二节 核心内涵

新型电力系统的内涵体现在电源结构、电网形态、负荷特性、运行模式和技术特征五个方面的新变化，如图2-1所示。

一、电源结构

电源结构由可控连续出力的煤电装机占主导，向强不确定性、弱可控出力的新能源发电装机占主导转变。以风、光为代表的新能源发电逐步演进为装机、电量和责任主体，煤电、水电等常规电源逐步退化为以发挥电压支撑和功

图2-1 新型电力系统内涵分析

率调节作用为主。开发模式也逐步变化为集中式开发和分布式开发并举。出力特性方面转变为强不确定性、弱可控出力的新能源占主导。

二、电网形态

电网形态由单向逐级输配电为主的传统电网，向包括交直流混联大电网、直流电网、微电网和可调节负荷的能源互联网转变。

（1）新型电力系统中大电网承担电能的大容量、远距离输送任务和系统安全稳定支撑作用。配电网将接入源荷储等多元化元素，发挥能源综合承载与互动作用。微电网将与多类能源网络互通互联，发挥终端用能交互与自治协调作用。

（2）输电网形态从单一的工频交流汇集接入，过渡到工频和低频交流汇集组网、新能源经直流汇集组网接入等多种形态；从交流骨干网架、直流远距离输送过渡到交流电网与直流电网互联。

（3）配电网形态从辐射状交流网络过渡到网络状交直流互联型信息物理系统，从无源变有源，源网荷储充分互动，形成区域自治共享、多能互补互济、共需实时互动的复杂多智能集合体，综合保障供电可靠性，重塑供需格局、物理形态和功能形态。

（4）以微电网为代表的终端网络形态实现电力供应网络与能源网络互联互通。微电网内部高度自治、外部与配电网交互能量与信息，攻克规模化新能源、新型负荷大量接入和即插即用关键技术。

三、负荷特性

负荷特性由传统的刚性、纯消费型，向柔性、生产与消费兼具型转变。用户侧含高比例分布式电源与可调节负荷，源—荷特性对外表现不确定，成为能源产消一体者。电能消费从刚性需求向高弹性柔性需求转变，用户侧电能替代深度、广度不断拓展，可调节负荷等新兴负荷大量涌现。预计到2060年，可调节负荷规模可达到电网最大负荷的10%～15%。

四、运行模式

运行模式由源随荷动的实时平衡模式，向源网荷储协同互动的非完全实时平衡模式转变。传统的电力电量实时平衡模式转变为更大时间和空间尺度的非完全源荷实时平衡模式，传统的大电网一体化控制模式转变为能源互联网协同控制模式，尤其是随着以电化学储能为代表的储能技术性能的提升，储能将广泛应用于发、输、配、用各环节，成为重要的快速灵活调节资源。

五、技术特征

技术特征由单一封闭的机械电磁系统，向数字与物理系统深度融合、具备电力电子特征的混合系统转变。电力系统的技术基础一方面由同步发电机为主导的机械电磁系统，向由电力电子设备和同步机共同主导的混合系统转变。要在机电系统建模的基础上，对海量电力电子装备的随机复杂系统进行建模，实现机电/电磁暂态混合仿真、全电磁暂态仿真。另一方面由单一封闭的物理系统向数字与物理系统深度融合、以数据流引领能量流的多物理系统转变。要实现数字化技术与新型电力系统的深度融合，在状态感知、智能学习、新能源预测控制等方面开展研究，提升电网智能调度控制和能源资源优化配置水平。

第三节 基本特征

新型电力系统是以确保能源电力安全为基本前提，以满足经济社会发展电力需求为首要目标，以坚强智能电网为枢纽平台，以交流同步运行机制为基础，以最大化消纳新能源为主要任务，以源网荷储互动与多能互补为支撑，具有清洁低碳、安全可控、灵活高效、智能友好、开放互动基本特征的电力系统。新型电力系统基本特征如图2-2所示。

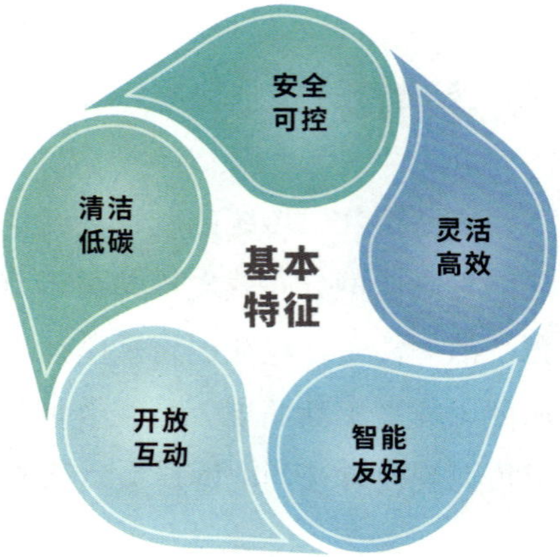

图2-2 新型电力系统基本特征

一、清洁低碳

支持风能、太阳能等可再生能源的大规模应用，为用户提供更丰富的清洁能源，促进各行业低碳、零碳排放。从政策机制方面引导形成绿色低碳生产生活方式，坚持节能优先，提高能效，降低能源消费碳排放强度，不断降低单位产出的能耗、物耗、碳排放，加快布局低碳、零碳、负碳领域关键技术，及核心装备、高性能材料的攻关，形成清洁主导、电为中心的能源供应和消费体系，生产侧实现多元化、清洁化、低碳化，消费侧实现高效化、减量化、电气化。多元化是指新型电力系统的电源结构包括风、光、水、火、核、生物质、天然气等多种形式。清洁化是指水电、核电、风电、光伏等清洁能源占比将逐步提高，现役火电机组将从“基荷电源”的角色向“调节电源”角色转变。低碳化意味着电力生产的低碳排放、绿色环保，通过在电源侧促进新能源消纳、煤电清洁燃烧等改造、碳捕捉技术应用、储能应用，在需求侧促进电能替代、灵活调控，实现低碳、零碳排放。高效化即通过提高全社会用能效率，降低能源消费强度。减量化指实现能源消费总量的减量控制。电气化即持续推动消费侧电能替代，降低其他行业碳排放，实现能源消费总量控制的同时保障未来经济持续增长。

二、安全可控

安全可靠的电力供应能力，在自然灾害、外力破坏等情况下，具备故障快速诊断和自愈恢复能力，避免发生大面积停电。全面增强新型电力系统应对大型灾害的韧性能力，建立事故的事前预警、事中防御、事后恢复体系，有效防范极端事件冲击和大面积停电风险。具体通过多样化的传感采集和监测技术，实现对新能源发电、电网数据等系统内信息和气象、负荷形态、用户行为等外部态势的感知。通过大数据分析、人工智能等手段，充分利用正常状态和极端条件下的数据对系统进行仿真分析，实现对薄弱环节和关键环节的判断和识别。通过利用新能源、微电网、储能等的主动支撑能力，在面对如主网架构被破坏等极端事件时，继续为重要负荷供电或通过黑启动恢复主网供电，提升系统恢复能力。从而在灾前薄弱环节识别、灾中故障分析、灾后恢复策略与资源调度等环节全面提升新型电力系统安全可控水平。

三、灵活高效

电源侧灵活调节、电网侧柔性输电、需求侧快速响应，源网荷储协调控制，实现各类能源互通互济、灵活消纳和高效配置。着重加强电网大范围配置清洁能源能力，扩大跨区输电通道的清洁能源输送规模，保障不同时间尺度电力供需平衡和新能源高水平消纳。具体可通过集成应用多尺度、高精度新能源功率预测、风光储智慧联合调度运行、大规模低成本长寿命储能、柔性直流输电等技术措施，建成具备可靠发电、灵活调节、友好并网等功能和性能的高能级电力系统。在可靠发电方面，可结合多尺度、高精度新能源功率预测技术以及电力系统的实际需求指令，提前合理制订新能源与储能的投切计划，重点保证在系统高峰缺电时段具备一定的顶峰支撑能力。在灵活调节方面，可综合运用储能与智慧联合调度技术，在保障新能源电力高效消纳利用的基础上，储能剩余调节能力可以进一步为系统和周边的新能源项目提供调节服务，成为友好调节电源。在友好并网方面，可通过柔性直流输电等技术实现规模化海上风电、光伏发电等新能源的跨区输送，通过直流配电网等技术实现分布式新能源的就地消纳。

四、智能友好

数字化技术与电力技术深度融合，具备灵敏感知、智能决策、精准控制能力，提升电网智能调控和运行水平。充分利用5G、大数据、人工智能、云计算、物联网、移动互联网、区块链等数字化技术，与电力系统进行必要的融合，大幅提升电力系统可观、可测、可调、可控水平，使新型电力系统可主动感知并定义系统出现的问题，且具备主动解决问题的能力。通过高度网络化、数字化、智慧化，实现对海量分散发供用对象的智能协调控制，实现源网荷储各要素友好协同。在源侧提供更加灵活的接入技术和接口方法，保障大比例新能源消纳；在网侧建设智能感知体系并提供更加快速的计算方法和调控手段，适应电力系统高比例电力电子化的趋势，满足广泛分布式电源和储能即插即用需求；在荷侧挖掘更加柔性的互动技术和沟通渠道，充分调动需求侧参与系统调节的积极性；在储侧实现更加高效的动态平衡和优化调剂，提高电力系统稳定控制水平。

五、开放互动

适应各类新能源、新装备以及多元负荷的即插即用，各类市场主体广泛参与、充分竞争、主动响应、双向互动。通过研究新能源各类型组网和并网技术，适应分布式电源、微电网、储能、电动汽车等即插即用，实现虚拟电厂、需求侧响应的广泛应用，打造开放互动的共赢生态。分布式电源、微电网和个体电能“产消者”通过有关市场机制和通信控制技术有效聚合，实现发电和用电的自我调节与优化控制，与电网进行双向互动。电能替代、节电计划和能效项目改变其他领域能源需求演化固有趋势，带动其他行业实现低碳排放。电动汽车在内的各种储能设施可等效于发电机组，亦可等效于用电负荷，可根据需要参与电网的削峰填谷运行，支撑实时电力平衡。热力系统、天然气系统、交通系统等其他系统可与电力系统进行耦合，实现多系统协调优化。电力用户可根据电力价格信号和有关激励机制以及电网对负荷调整的需求，自愿做出响应，使系统变得具有弹性。新型电力系统面向各类资源开放互动，打破能源生产、传输、消费、存储环节界限，实现整体优化。

第四节 技术挑战

新型电力系统是一项复杂的系统性工程，应深入研究新型电力系统构建过程中遇到的重大问题，全面分析新型电力系统面临的技术挑战，相关技术挑战如图2-3所示。

图2-3 新型电力系统实践所面临的技术挑战

一、电力供应保障困难

新能源出力不确定性强，具有随机性、波动性、间歇性、反调峰特点，现有新能源电源和电网规划统筹协调不够，新能源电力与电量平衡困难，新能源小发时调节控制能力不足，罕见天气、极端天气下供应保障困难。现有系统无法满足大范围资源配置以及分布式广泛接入的需求，电力供应保障面临巨大挑战，亟须持续优化能源供给结构。

二、安全运行风险增大

风电、光伏因其自身出力特性，可靠性偏低，且存在新能源发电时空分布与负荷不匹配的电力电量平衡难题。新型电力系统下，远距离大容量输电故障冲击大、电力系统安全基础持续削弱、电网调频和调压能力持续下降、故障引发连锁反应和大面积停电风险增加，电网安全运行面临挑战。亟须构建规模合理、分层分区、安全可靠的韧性电网，强化电力安全和抗灾能力，防范大面积停电风险，提高电网安全稳定运行水平。

三、用能成本不断攀升

新型电力系统需要建设更多的电网设施，提供抑制新能源波动性的实时平衡辅助服务等，同时新型电力系统电源使用成本和输配电成本均会提高。未来新能源场站成本下降很难完全对冲消纳新能源所付出的系统成本上升，必然影响全社会用能成本。需充分发挥市场在资源配置中的决定性作用，构建公平开放、有效竞争的能源市场体系。

四、系统调节能力不足

新能源出力的随机波动性需要通过供需两侧深度调节予以抵消，但现有系统调节手段与能力不足，同时系统面临转动惯量下降、动态无功支撑不足、短路电流超标等问题。需大力发展抽水蓄能、储氢等长时间尺度储能技术和电化学储能、飞轮储能等短时间尺度储能技术，尽快推动储能在大规模新能源基地和用户侧的广泛应用，从而促使储能成为系统调节的重要手段。

五、数字技术驱动变革

新型电力系统的源网荷储各环节紧密衔接、协调互动，但目前贯通源网荷储全环节的数据链条尚未打通，数据驱动型的新一代调度控制体系基础尚未完全建立，尚不能适应大量新能源、可控负荷、储能广泛接入并密集交互的应用场景。应利用人工智能、大数据分析、5G通信等新兴技术手段，提高电网数字化水平，使系统具有高度智能的调节控制能力。

第五节 建设原则

新型电力系统建设应处理好发展和减排、整体和局部、短期和中长期的关系，要充分考虑国内能源结构、产业结构等基本国情，充分认识“碳达峰、碳中和”的复杂性、长期性和系统性，循序渐进、稳中求进、先立后破，确保传统能源逐步退出建立在新能源安全可靠的替代基础之上。新型电力系统建设原则如图2-4所示。

图2-4 新型电力系统建设原则

一、坚持系统思维统筹优化配置

坚持全国一盘棋，通过大范围优化配置资源推动电源结构转型。抓好煤炭清洁高效利用，增加新能源消纳能力，实现煤炭和新能源优化组合。稳步推进煤电由主体电源向调节型电源转变，大规模、高比例新能源由补充能源向主体能源转变。

二、坚持结构合理保障安全可靠

坚守安全底线，构建规模合理、分层分区、安全可靠的电网，提高电力抗灾和应急保障能力，重点提高应对高比例新能源不稳定性和网络攻击等新型风险的能力。

三、坚持绿色用能推进低碳清洁

持续拓展电能替代广度与深度，提升清洁能源终端消费占比，推进以电代煤、以电代油、以电代气，推广新能源汽车等新型用能方式，扩大可调节负荷资源，提升负荷侧系统调节能力。

四、坚持协同互动实现灵活调节

激发不同时间尺度的储能技术等潜力，形成源网荷储协同消纳新能源的格局，同时利用储能等新技术平抑新能源的波动性、随机性和间歇性，提升电力系统安全稳定运行水平。

五、坚持创新驱动促进数字升级

大力推进人工智能、大数据分析等综合技术，促进转型升级，提高电网数字化水平、改进调度运行方式、提高电力系统效能。

第三章

新型电力系统技术研究框架

为构建新型电力系统，需要系统性开展基础理论、核心技术和关键装备等研究攻关。整体的技术研究框架不仅涉及新型电力系统供需平衡、稳定分析、运行控制等基础理论革新，也涵盖了源网荷储多环节和技术、政策、市场机制等方面研究，如新能源发电主动支撑技术、新型电力系统调度运行控制技术、电能替代和用户互动技术、多元储能技术、数字技术与能源技术融合应用、促进新能源消纳的市场机制等，并且技术研究需求也是随着新型电力系统形态演变而动态变化的。

本章主要是在把握新型电力系统核心内涵、技术挑战等基础上，着重从能源供给新格局、电网结构新形态、多元负荷新特性、储能应用新场景、综合技术新赋能五个方面，对新型电力系统技术研究框架进行梳理分析，其思维导图可见附录。受限于认识理解深度等因素，并不能做到十分系统全面，仅供参考。

第一节　能源供给新格局

随着新型电力系统建设进程的加快推进，我国以煤为主的能源结构和电源结构需要逐步改变，可再生能源和核能、天然气等清洁能源迎来契机发展。预计到2060年，我国新能源发电量占比有望超过50%，成为电量主体，电力供给将朝着实现低碳化迈进。

能源供给的转变主要体现在以下四个方面：

（1）电源结构。由可控连续出力的煤电装机占主导，逐步演进为以风、光为代表的强不确定性、弱可控出力的新能源发电装机占主导。

（2）开发模式。由集中式开发为主，逐步演进为集中式开发和分布式开发并举。

（3）功能定位。煤电、水电等常规电源从电量主体和电压支撑、频率调节责任主体逐步退化为支撑调节功能体，新能源从提供部分电量的功能体逐步演进为电量主体和支撑调节责任主体。

（4）并网方式。新能源发电将从目前跟随电网电压、频率和相位的锁相同步电流源并网，转变为自主构造生成电压、频率和相位的自同步电压源并网，全面具备主动支撑及组网运行能力。

构建新型电力系统能源供给新格局，推动新能源成为主体能源，大致可分为三个阶段：

（1）第一阶段，推动新能源发展成为电力装机主体，实现新能源的高效消纳。

（2）第二阶段，推动新能源发展成为电量供应主体，新能源不仅是电力装机和电量供应的主体，而且是保障新型电力系统安全稳定运行的功能主体与责任主体。

（3）第三阶段，推动新能源发展为全社会的产用能主体，新能源利用与工业、建筑、交通等各行各业的产用能方式深度耦合，形成“新能源＋”“数字＋”“交易＋”等产业能源融合的各种新形态，支撑未来社会发展高度电气化、低碳化、数字化、智慧化、交互化，高质量实现国家“双碳”目标。

为实现新型电力系统能源供给新格局，应围绕高比例新能源接入给系统安全稳定、调度运行等方面带来的新型问题开展影响及对策研究，主要面临以下两个问题：

（1）如何应对新能源低惯量、弱阻尼、弱支撑等设备特性带来的安全稳定挑战。新能源大量替代传统同步电源，并经变频器/逆变器与多级变压接入电网，会降低系统惯量及短路容量支撑、调压和调频能力，影响电网暂态稳定水平及抗扰动能力，同时易引起电网发生宽频带振荡问题。

（2）如何应对新能源随机性、波动性、间歇性等发电特征带来的调度运行挑战。新能源大量接入增大电网功率波动、增加功率预测难度，长时间高出力或低出力，分别给电网调峰、供电保障带来挑战，造成电力电量不确定性大，加剧系统规划难度，促使新能源消纳与电网安全的矛盾日益突出。

面向新能源占比逐渐提高的新型电力系统建设发展需要，围绕上述问题，着重在新能源涉网特性测试与评估技术、新能源主动支撑型控制技术、多类型电源灵活性能力建设运行技术、省域新型电力系统多能互补与协同运行技术等四个方面开展攻关。新型电力系统能源供给技术研究框架如图3-1所示。

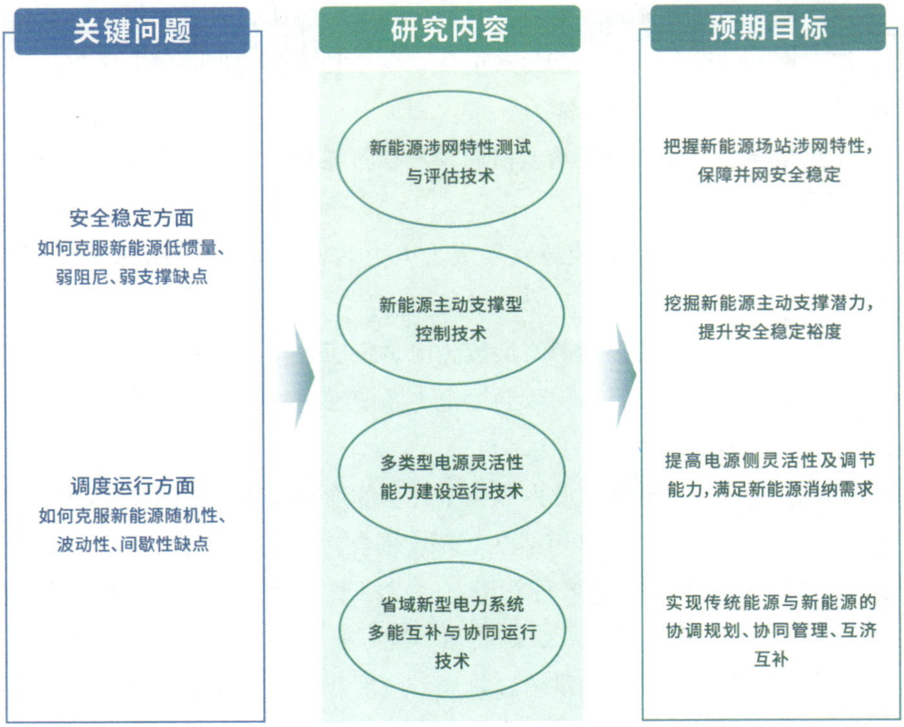

图3-1　新型电力系统能源供给技术研究框架

一、新能源涉网特性测试与评估技术

（一）新能源涉网特性测试与评估体系亟待完善

在新型电力系统中，电源侧发电主体由带转动惯量、机电阻尼的大同步机组为主导，向弱惯量、小电磁阻尼的电力电子装置为主导转变。对比常规电源，新能源涉网特性及存在问题主要包括以下三个方面：

（1）缺乏可靠的惯性响应能力且频率耐受能力较低，大量替代常规电源后降低电网惯量支撑能力与调频能力，增加电网功角失稳和频率失稳风险。

（2）新能源控制器变流器/逆变器的过电压、过电流能力低，如传统同步机组过电压能力约是其1.18倍，大量替代后降低电网稳态调压能力和扰动下电压耐受能力，易引起电网暂态电压失稳问题；且新能源经多级变压器并网接入系统，降低系统短路容量支撑。

（3）新能源站内变流器/逆变器、SVG无功补偿装置中引入大量电力电子器件，存在固有振荡模式，在外部电网干扰及交互影响下，潜在的振荡模式有可能被激发，引起系统振荡。

针对上述问题，亟须完善关于新能源涉网特性测试与评估体系，全面测试新能源涉网性能、准确评估其接入对电网的影响。

（二）新能源涉网特性测试与评估技术路径

1．新能源涉网关键性能测试与评估技术

新能源涉网性能测试与评估主要包括惯量响应、一次调频、故障穿越能力、电网电压和频率适应性等。主要开展以下研究：研究新能源机组及场站惯量响应和一次调频测试方法，量化评估大规模新能源接入下系统惯量特征和频率稳定特性；研究适用于不同仿真接口的新能源故障穿越测试方法，研究新能源故障电压穿越测试指标对极端场景的适应性及改进设置方案；构建新能源各类典型工况和极端工况运行场景，评估电网发生扰动下新能源场站电压及频率耐受能力。

2．新能源场站宽频振荡风险评估技术

针对新能源场站可能引起的宽频振荡风险开展以下研究：基于变流器典型电路和控制拓扑研究新能源机组频域阻抗模型，研究新能源机组控制结构与参数对宽频阻抗特征的影响及振荡主导因素；构建新能源场站并网系统的等值阻抗模型，挖掘系统中隐含的宽频振荡模式并提取振荡模式的量化信息；评估新能源并网系统不同运行方式下的宽频谐波稳定性。

3．海上风电机组全工况模拟及并网试验技术

与陆上风电和光伏相比，海上风电的服役环境特殊、适合规模化开发，因此在测试要求及方案上存在差异，可重点围绕海上风电机组全工况模拟及并网试验技术开展以下研究：研究海上风电机组全工况模拟技术，通过研究模拟海上环境激励，分析机组动态响应特性；针对机组在海上实际各工况运行过程中受到的风力转矩载荷及偏摆、挥舞和振动等非转矩载荷等进行分析；研制电网模拟器，结合功率硬件在环仿真与机网交互动态模拟技术，实现电网故障暂态及扰动模拟、电网强度及机—网互动模拟、风机频域阻抗特性扫描等功能。海上风电机组全工况模拟及并网试验平台示意图如图3-2所示。

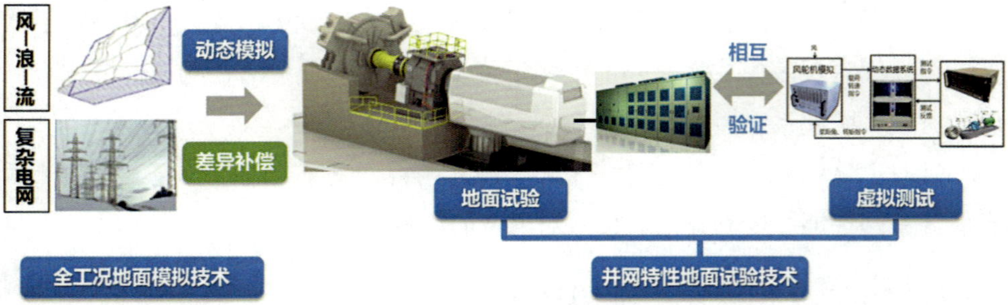

图3-2 海上风电机组全工况模拟及并网试验平台示意图

（三）基于新能源测试与评估的安全稳定保障

通过建立完整的新能源场站涉网特性测试与评估技术体系，能够精准有效挖掘新能源大量并网带来的各类稳定问题，检测新能源控制特性的不足与缺陷，提升新能源并网稳定水平，在实现新能源高效消纳目标的同时保障系统安全稳定。

二、新能源主动支撑型控制技术

（一）新能源的电网支撑能力亟待提升

作为新能源发电并网控制的核心，电力电子变流器具有控制灵活、效率高等优点，但是当前变流器普遍采用随网型控制技术，缺乏可靠的惯量响应能力，过电压/过电流能力弱，对电网的支撑能力不足，电网发生扰动时加剧新能源大规模脱网、近区机组跳闸、直流闭锁等连锁反应风险。

为应对高比例新能源引入的稳定控制挑战，亟须研究提升新能源主动支撑能力的控制技术，推动新能源从随网型向构网型转变，对促进新能源的大规模开发与高效利用具有重大研究价值和工程应用价值。

（二）新能源主动支撑型控制技术路径

新能源主动支撑控制关键技术是“构网型”控制，即自同步电压源型控制，涉及机组侧和场站侧的主要研究方向如下。

1．新能源机组自同步电压源型控制技术

研究新能源发电自同步电压源功率跟踪稳定运行区间及特性，分析惯量响应、一次调频与新能源自同步电压源最大功率跟踪控制（MPPT）的制约关系。针对有功备用式自同步电压源型机组，研究运行功率点与最大发电量的制约关系及其稳定运行边界，进一步研究电压/频率支撑与稳定工作点协调控制策略。针对无功率备用式新能源机组，研究含储能单元的新能源—储能协同控制方法和虚拟惯量补偿技术。基于上述研究结果，研究预留备用、利用转子动能和配置储能三种电网支撑技术路线的技术经济性。

2．新能源场站多自同步电压源协调控制技术

研究多自同步电压源新能源场站的聚合性有功/无功输出特性，构造多自同步电压源新能源场站有功/频率线性调节曲线、无功/电压线性调节曲线及机组出力分配策略，实现场站调频调压快速性和自同步电压源多机并联协调控制。进一步，建立自同步电压源多机并联系统数学模型，研究计及联络线阻抗差异的自同步电压源新能源多机交互宽频稳定性，研究“构网型”新能源场站接入电力系统振荡的产生机理，辨识影响振荡的关键因素，研究基于实测数据的新能源场站振荡特征量化方法和振荡抑制策略，保障新能源场站并网的稳定运行。

（三）基于新能源主动支撑的系统安全稳定优化

通过机组级自同步电压源型控制提升改造、场站级协同控制技术研究，进一步结合全电磁暂态精细化仿真建模与测试验证，全方位有效提升新能源的电网支撑能力，提高大规模新能源接入后电网的稳定性，促进新能源安全高效送出，推动能源供给体系升级。

三、多类型电源灵活性能力建设运行技术

（一）多类型电源灵活性能力建设亟待提升

随着我国能源结构清洁化改革的大力推进，风力发电、光伏发电装机容量迅速增长。随着新能源发电比例的不断增加，其固有的随机性、波动性、间歇性、逆调峰等特性，加大了系统平衡调节难度，尤其增加了新能源高出力下的系统调峰困难。目前应对上述问题的主要措施是大力实施火电机组的灵活性改造、开发建设抽水蓄能电站可调电源，提高电源侧灵活性调节支撑能力，但如

何高效规划上述灵活性调节电源改造与建设，目前并未明确给出。此外，将新能源纳入电力电量平衡，是缓解系统平衡调节难度的一种较为经济、有效的措施，但需评估计算新能源置信容量（指在满足可靠性前提下，可再生能源系统可以替代的常规机组的容量）并研究提升方法。

（二）多类型电源灵活性运行技术路径

1．电源侧灵活性调节能力提升技术

针对火电机组开展以下研究：①研究灵活性改造对新能源消纳能力的影响，构建火电机组深度调峰数学模型，量化评估火电机组不同调峰出力、自动发电控制（automatic generation control，AGC）不同调节速率等因素下新能源消纳水平，进一步研究灵活性改造下火电机组频率控制优化方案；②基于上述影响机理研究，构建大规模新能源接入背景下的火电机组灵活性改造规划模型，兼顾新能源各极限送出场景下的潮流适应性，实现全场景优化。

针对抽水蓄能机组开展以下研究：研究抽水蓄能机组变速技术及其控制原理，掌握变速机组发电及抽水工况下运行特点及调节能力，并结合省域特点，研究变速抽水蓄能机组规划配置可行性及方案。

2．新能源置信容量评估及提升方法

置信容量是评价新能源电力贡献可靠性的重要指标，因此通过提升新能源置信容量，可提高新能源纳入电力电量平衡的可靠性区间。基于此，围绕置信容量提出以下三个主要研究方向：研究新能源参与平衡的置信容量评估方法，如基于时序随机生产模拟、基于新能源出力与电网负荷随机模型等评估方法，确定置信容量相关评价指标；结合风力发电和光伏发电出力特性、装机结构和区域负荷特性，研究多种不确定因素对新能源置信容量的影响，量化计算新能源参与平衡的置信容量；在上述基础之上，研究提升新能源置信容量的关键策略，如优化评估测算方法、改变关键因素影响等。

（三）基于电源灵活性提升的新能源高效消纳

聚焦解决新能源大规模接入背景下的系统平衡调节困难问题，在源侧通过研究火电机组灵活性改造能力与需求、抽水蓄能机组灵活性调节提升技术、新能源置信容量评估方法，加强系统调节能力建设，系统灵活性调节空间、负荷波动响应能力，保障大规模新能源接入后的高效消纳。

四、省域新型电力系统多能互补与协同运行技术

（一）多能互补与协同运行策略亟待完善

在新型电力系统中，电源侧多能互补应由多种能源简单叠加转变为基于复杂多能流网络协同的多种能源系统性联动的大时空尺度优化配置。

2021年3月，国家发展改革委、国家能源局印发《关于推进电力源网荷储一体化和多能互补发展的指导意见》（发改能源规〔2021〕280号），明确多能互补是实现电力系统提质增效的重要举措，有助于构建新型电力系统、实现“碳达峰、碳中和”目标。因此，在各类电源灵活性支撑能力研究、传统多类型电源运行模式的基础上，构建风、光、水、火、核、储等多类型电源间的协同运行控制策略，是平抑新能源波动、促进新能源高效消纳的有效手段，是缓解新能源大规模并网带来的系统规划难度的主要措施，也是未来电源侧建设与改造的必由之路。

（二）多能互补与协同运行技术路径

1. 高比例新能源电力系统精细化生产模拟技术

研究随机性新能源电源的精细化运行模拟方法；研究高比例新能源形态下电网调频、调峰、备用等资源的配置约束及其在生产模拟中的建模方法；研发高比例新能源电力系统生产模拟工具。

2. 面向网源协调的多能协同运行技术

基于省域风、光、水、火资源的可用性以及用电负荷特征，遵循“克服单一能源的不足，实行多能优势互补”的原则，研究面向网源协调的多能协同运行的实时与短期调度、中长期调度的方法，提出多能互补系统的未来规划，提升源网协同运行水平与互动水平、波动性电源消纳水平。通过能源耦合关系对多种供能系统进行横向的协调优化，实现能源的梯级利用和协同调度。

3. 含高比例新能源的多源协同运行与规划方法

深化研究碳捕捉、封存和二次利用技术应用的可行性和经济性；研究系统安全约束下省域新能源装机规模限值确定方法；将风电、光伏发电等新能源装机作为决策变量，研究计及环境效益的风、光、水、火、核、储等多类型电源协调规划方法。

（三）基于多能互补运行体系的资源优化配置

通过建立完整的多能互补优化运行体系，最大限度优化配置风、光、水、火、核、储等多类型电源资源，实现传统化石能源与风、光等新能源协调规划、优化运行、协同管理、交互响应和互补互济，有效提升新能源利用率，并在区域综合能源系统内实现自治调控和故障处理，降低统一调控和能源安全的工作压力。

第二节 电网结构新形态

电网处于能源生产和消费的中间环节，是能源资源配置的平台中枢，承担着消纳新能源的重要任务。新型电力系统下，电网将呈现以交直流互联为大电网主干、微网、纯直流等多组网形式的新形态，以实现新能源按资源禀赋因地制宜规模化接入，满足多元化负荷的用能需求，其作为新能源消纳的核心枢纽作用将更加显著。未来电网结构的转变主要有以下四个方面：

（1）电力输送方面，随着直流、柔性交流输电（flexible AC transmission systems，FACTS）等新型输电技术的快速发展，电网结构从交流远距离输电、区域交流电网互联为主，逐步转变为以电力电子装置为主导的交直流互联电网和局部直流电网并存。

（2）供需平衡方面，新能源单机容量小、地理空间分布方式分散、易受气候和天气因素影响，造成出力无序波动，打破了现有平衡方式，电力电量由实时供需平衡方式，逐步转变为长时空尺度的平衡方式。

（3）电能分配方面，分布式新能源以分散式、小容量的方式接入电网，源网荷储深度互动，配电网由单一交流辐射状结构，逐步演变为微电网分散式接入，与配电网平行运行的配微协同新形态。

（4）资源共享方面，随着数字化技术与电网的深度融合，传统电力系统从自上而下配送电能的单向、确定、封闭的系统结构和运行方式，逐步转变为结构开放、设备接入灵活、数据双向交互、业务资源协同、供用友好互动的新型配电系统。

构建新型电力系统电网结构新形态，保证新能源安全高效消纳，大致分为三个层次：

（1）骨干输电网是连接大型能源基地及主要负荷中心的能源通道，主要功能是实现跨区域、大容量、远距离电力传输，提高资源优化配置能力。

（2）省域电网是汇集区域或省级内源网荷三侧设备的电力平台，主要功能是实现省域内电力电量平衡、保障电网安全稳定与可靠运行。

（3）配（微）电网是能源共享的平台中枢，新形势下逐渐向供需互动的有源网络演变，主要功能是满足分布式清洁能源并网、多元负荷用电的需要。

为实现新型电力系统电网结构新形态，应围绕规模化新能源接入带来的高效消纳、安全稳定、供需平衡、运行控制等方面的新型问题开展影响及对策研究，重点考虑以下三个方面：

（1）如何应对规模化清洁电力远距离送出受阻与消纳压力问题。随着“三北”、东部沿海等地区新能源大规模开发，跨区电力输送规模将越来越大，增大清洁电力高效送出难度并加重受（端）电网消纳压力，传统以交流、两端常规直流为主的输电方式因电力传输损耗较大、动态无功支撑不足等已难以满足大规模、远距离电力的高效输送需求；同时，受（端）电网为接纳大规模新能源而减少灵活性电源开机数量或调整电网运行方式，降低新能源接入基地的网架强度，进而降低电网对新能源的承载能力。亟须研究新型输电技术，提升电网对新能源承载能力，促进新能源高效消纳，实现资源大范围优化配置与共享。

（2）如何应对规模化新能源对大电网运行特性与安全稳定的影响。伴随电网结构形态的变化，电网运行特性也发生深刻变化：交直流、送受端、上下级电网间耦合愈渐紧密，当互联区域发生故障，可能引发送、受端电网频率大幅振荡以及全网范围的大规模电压振荡，故障影响呈现全局化、复杂化等特点；同时伴随着新能源快速发展，大量的电力电子装置接入电网并替代传统同步电源，不仅降低电网惯量支撑水平和调压调频能力，而且引入宽频振荡等新形态稳定问题，并与传统工频同步稳定问题交织影响，使电网故障形态和演化路径更加复杂。亟须加强高比例电力电子化电力系统的稳定机理及关键运行控制技术研究，增强严重故障抵御能力，提高新能源规模化并网下电网韧性。

（3）如何应对分布式新能源对配电网结构、技术、功能等形态造成的变革。新能源和储能的大量分散接入以及用户对供电的多元化需求，促使配电网逐步电力电子化，加速了微电网和交直流配电网的形成，对已有配电网的电能质量、系统稳定性、网架结构、分层控制、故障保护和设备运维等方面带来一系列影响。实现基于电力电子的柔性直流技术与当前配电网的良好对接与融合，提升配电网灵活性、高可控性和多场景分布式电源消纳能力十分必要，并进一步演化为以配电网为载体的跨专业资源业务协同的信息共享平台，最终实现电网与用户的双向透明。

围绕电网结构新形态的发展趋势，提升新型电力系统下大电网安全稳定防御能力及规模化新能源承载能力，通过构建智慧友好的新型电网结构，承接分布式电源、电动汽车、储能、微电网技术。实现电网从接受并分配电能、潮流单向流动的形态，逐渐演化为多向潮流，交直流柔性互联的新型电网系统，充分满足分布式电源和多元负荷规模化接入。重点围绕规模化新能源并网消纳提升技术、大电网稳定运行分析与控制技术、分布式电源高渗透接入的配电网协同控制技术、分布式电源高渗透接入的多场景智能配微网技术、配电网跨专业资源协同及数据共享技术等方面进行研究攻关，新型电力系统电网结构技术研究框架如图3-3所示。

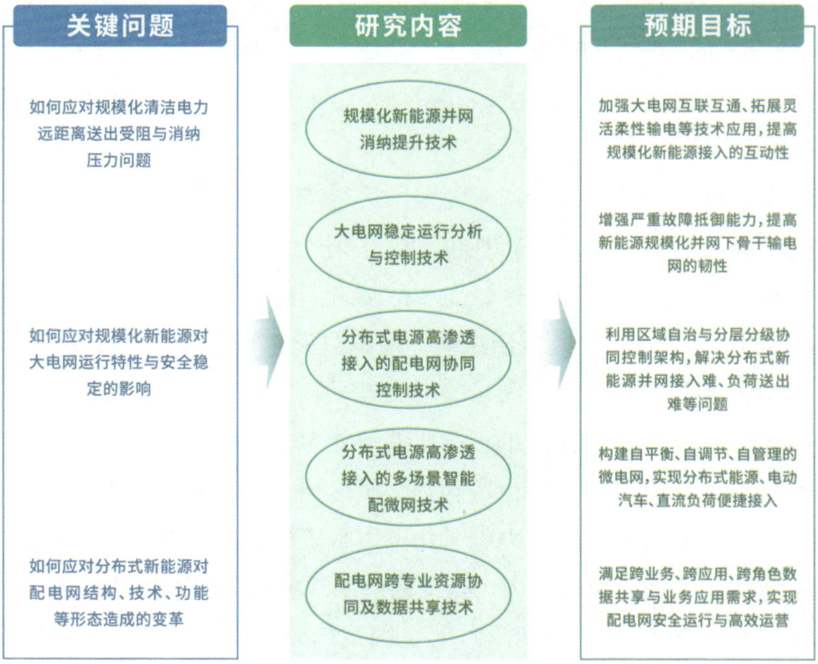

图3-3 新型电力系统电网结构技术研究框架

一、规模化新能源并网消纳提升技术

（一）电网对新能源的极限承载能力亟待提升

随着新能源开发规模的高速发展，电网作为消纳高比例新能源的核心枢纽作用更加显著，系统安全性约束对新能源消纳水平的影响开始显现，电网对新能源承载能力的极限问题日益突出。新能源接入基地系统强度、新能源组网或并网技术等，都直接影响新能源接入电网极限承载能力，如何兼顾安全与经济，最大化提升新能源承载能力，促进新能源高效消纳，需从提高电网强度与韧性、合理布局并网方式等方面入手考虑。

（二）规模化新能源承载能力评估及并网关键技术研究技术路径

1. 规模化新能源承载能力评估及提升方法

电网是新能源消纳和利用的平台基础，其支撑强度将影响新能源的承载能力。为提高电网对新能源承载能力，需在明确影响新能源送出水平的系统安全约束基础上展开研究，主要开展以下研究：建立不同送出方式下新能源承载能力评估与测算模型或平台，研究影响新能源极限承载能力的电网关键因素；研发新能源接入的在线短路比分析技术，研究在线灵敏度分析方法及方式优化调整策略；研究提升电网对新能源承载能力的关键技术，如调相机技术、灵活柔性输电技术（如统一潮流控制等）、输电通道动态增容技术等。

2. 规模化新能源并网送出关键技术

各类型灵活柔性输电技术已逐渐成为大型综合能源基地开发送出和未来深远海上风电集群大规模电源开发利用的主流手段。为实现新能源高效率、低成本的大容量远距离送出需求，需综合资源布局与特性、网架特点等研究并合理规划新能源并网及送出方式，主要开展以下研究：研究新能源汇集组网送出关键技术及其可靠性评估，如工频、低频交流汇集组网技术、新能源经直流汇集组网技术等；研究面向规模化新能源送出的新型电能传输技术，如极端场景特高压输电技术、直流电网输电技术、新型柔性交流输电技术、柔性低频输电技术等；研究近远结合的海上风电交直流接入受端电网的送出系统拓扑结构优化方法。

其中大规模海上风电并网送出技术是未来研究的重点之一，利用柔性直流输电技术及低频输电技术，可有效降低大容量海上风电远距离输送的线路耗电量，实现大规模海上风电友好送出的目标，主要开展以下研究：柔性直流输电技术和低频输电技术两个方面，其送出方案如图3-4所示。

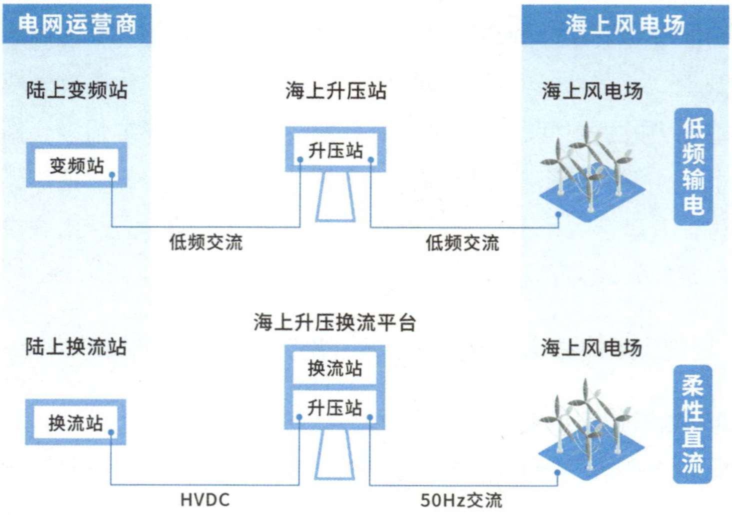

图3-4　海上风电柔性直流输电与低频输电技术送出方案

柔性直流输电技术方面，开展大规模海上风电柔直接入的电网结构优化研究，提出大规模海上风电柔直输电的送受端落点优选方案；开展柔直输电系统核心设备关键技术研究，如研究集成模块化多电平换流器的新型储能系统拓扑结构及参数设计，攻克高压大功率可关断器件驱动芯片关键技术。

低频输电技术方面，开展海上风电低频系统优化规划设计，研究适合低频海上风电系统优化规划模型的求解方法；研究现有全功率变频风电机组低频发电改造技术，改造全功率变频型风电低频发电装置；建立低频电缆仿真模型，研究频率降低对电缆径向电流密度、电场、热场和电缆载流量等方面的影响。

（三）促进新能源高效消纳与资源大范围共享

通过建立新能源承载能力评估方法、主干网补强技术及新型输电技术研究，加强电网互联互通、拓展灵活柔性输电等技术应用，提高规模化新能源接入的灵活性、主动性和互动性，适应新能源大规模集中接入、受端多落点直流组网等应用场景，增强电网对新能源的接纳能力，促进新能源高效消纳，实现资源大范围共享。

二、大电网稳定运行分析与控制技术

（一）安全稳定运行控制技术不完善

随着新能源大量并网，直流输电、FACTS技术广泛应用，电力跨区跨省大规模输送、设备电力电子化等特征日益凸显，增强交直流、送受端电网间耦合度，呈现低惯量、弱抗扰动性、多时间尺度响应等特性，并引入宽频振荡等新形态稳定问题，与传统工频同步稳定问题交织影响，使电网故障形态和演化路径更加复杂。目前构筑于以传统同步发电机发电＋交直流混联输电为主体的系统运行控制分析方法与关键技术，难以满足新型电力系统安全运行要求，主要存在以下两个方面问题：

（1）贯穿源网荷三侧的大电网新形态稳定问题需采用微妙级、计算规模较大的仿真工具模拟，然而现有支撑大电网仿真分析的工具多以秒级机电暂态为主，无法准确模拟高速、离散、宽频的动态特性，无法精准分析新发展格局下大电网的稳定机理与形态。

（2）现有的稳控系统对新能源涉网新形态稳定问题的防御范围不足，难以应对新能源大规模脱网、近区机组跳闸、直流闭锁等连锁反应；此外，新能源采用新技术并网送出的相关安全控制技术也不够完善。

为攻克上述问题，需构建新型电力系统的稳定机理及防控分析体系，准确把握新型电力系统的运行特性，研究规模化新能源并网运行控制关键技术。

新型电力系统下大电网稳定运行控制所需研究的关键技术如图3-5所示。

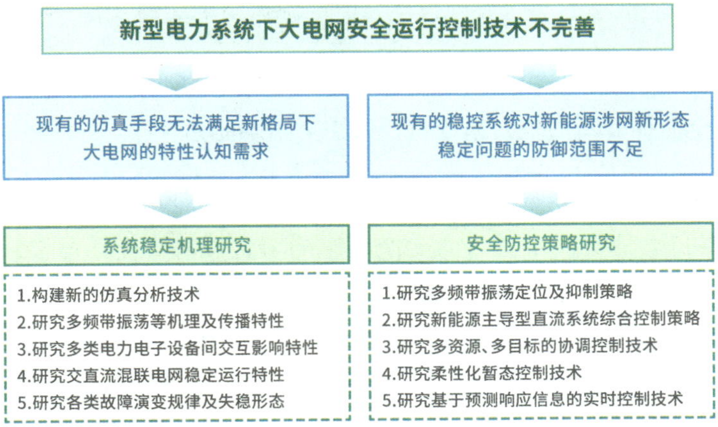

图3-5 新型电力系统下大电网稳定运行控制关键技术

（二）新型电力系统稳定机理及安全防控策略研究技术路径

1．高比例电力电子化的电力系统稳定机理

仿真分析是掌握高比例电力电子化电力系统运行特性的重要手段。为提高对转型后电力系统运行特性认知的精准度，需基于电力电子设备控制特性和传统电力系统稳定分析方法，构建适应高比例电力电子化电力系统的仿真分析技术，开发全电磁暂态、平台化、智能化等特征仿真系统。依托精细化仿真分析技术，研究高比例电力电子化电力系统的稳定机理，主要开展以下研究：高比例电力电子化电力系统多频带振荡等问题机理及传播特性；高比例电力电子化电力系统不同调压、调频尺度间的相互作用及影响；多类型电力电子设备控制策略下电力系统的交互影响特性；规模化新能源不同组网和并网方案（如交流长海缆、直流、低频输电等）对大电网稳定特性的影响；大规模新能源接入的交直流混联电网稳定运行特性，各类故障演变规律、路径及失稳形态。

2．高比例电力电子化的电力系统安全防控策略

基于系统稳定机理研究，在应对高比例电力电子化电力接入新形态稳定问题上，主要开展以下研究：多频带振荡定位及抑制策略，构建宽频振荡测控防御体系；高比例新能源电网及新能源主导型直流（含柔直）外送系统安全稳定综合控制策略。在完善新能源并网相关安全控制技术问题上，主要开展以下研究：新能源高度参与的多资源、多目标的协调控制技术；柔性化暂态控制技术，快速实现瞬时的电压及频率紧急控制，如大容量储能快速调控技术、基于电力电子的大容量电气制动技术等。在上述研究基础上进一步深化、拓展，探索基于预测响应信息的实时控制技术、电网源荷不确定性安全风险评估与智能防御技术。

（三）全面提升新型电力系统特性认知及防御能力

通过新型电力系统稳定机理与运行控制关键技术研究，掌握大规模新能源及电力电子设备接入后电网及多能源系统的运行规律及安全稳定特性，适应安全稳定特性变化后的新型电力系统控制保护的要求。加强“高比例新能源、高比例电力电子设备”双高电力系统的本质及运行特性认识，提升系统调节能力，巩固完善新型电力系统安全稳定“三道防线”，防范化解重大安全风险，增强严重故障抵御能力，提高新能源规模化并网下骨干输电网的韧性。

三、分布式电源高渗透接入的配电网协同控制技术

（一）分布式电源高渗透接入配电网的协同控制能力薄弱

近年来，分布式电源的大规模并网，对配电网电压水平、短路容量、继电保护、供电可靠性及电能质量等方面造成较大影响，频繁的电压双向越限、电压波动和闪变加重、谐波超标、三相不平衡等问题突出。传统“无源、被动”配电网控制系统与主网割裂、信息沟通不畅，业务阻塞问题日益严重，现有的协同控制系统难以适应“有源、主动”的新形态配电网发展需求。为实现对分布式电源、储能系统、可控负荷、需求侧的综合管理，研究分布式电源高渗透接入配电网协同控制技术具有重要意义。

（二）分布式电源接入配电网的深度协同控制技术研究路径

1．基于区域自治与分层分级协同的新型有源配电网控制架构

开展有源配电网调控架构研究，分析未来配电网结构形态，分析分层分级协同控制架构的适应性，提出配电网区域自治能力评估与自治区域划分方法，并在此基础上提出新型有源配电网控制体系结构和分层分级控制模式。主要开展以下研究：面向区域自治的新型有源配电网演化形态及分层分级协同控制架构适应性研究；考虑配电网拓扑结构、电源接入位置以及功率调节能力等因素，研究配电网区域自治能力评估与自治区域划分方法；基于配电网区域自治，研究新型有源配电网控制体系结构和分层分级控制模式。分层分级协同的新型有源配电网控制方法如图3-6所示。

2．分布式电源多时间尺度集群控制技术

考虑主配电网需求和不同时间尺度，研究分布式电源集群划分方法，实现基于主配电网运行态势的分布式电源集群并网支撑；考虑面向大容量分布式电源厂站群和面向海量小微分布式电源两个场景，分布式光伏多时间尺度集群控制模式如图3-7所示，基于“云端”控制模式、“云边端”控制模式和“云云控制模式”，分别研究分布式电源集群/聚合商运行控制技术和基于营配调多源数据贯通的海量小微分布式电源运行控制技术。

3．分布式电源高渗透接入的配电网实时仿真测试技术

面向区域自治与分层分级协同的仿真测试技术，探索含多类型分布式电源的配电网多时间尺度建模方法；具备含高渗透率分布式电源的配电网动态全过

程数字仿真测试能力，支撑控制策略设计和验证、监控系统和并网装置开发。主要开展以下研究：多类型分布式电源的配电网多时间尺度建模方法；面向策略验证的含高渗透率分布式电源的配电网动态全过程数字仿真测试平台研发，含高渗透率分布式电源的配电网小步长仿真如图3-8所示。

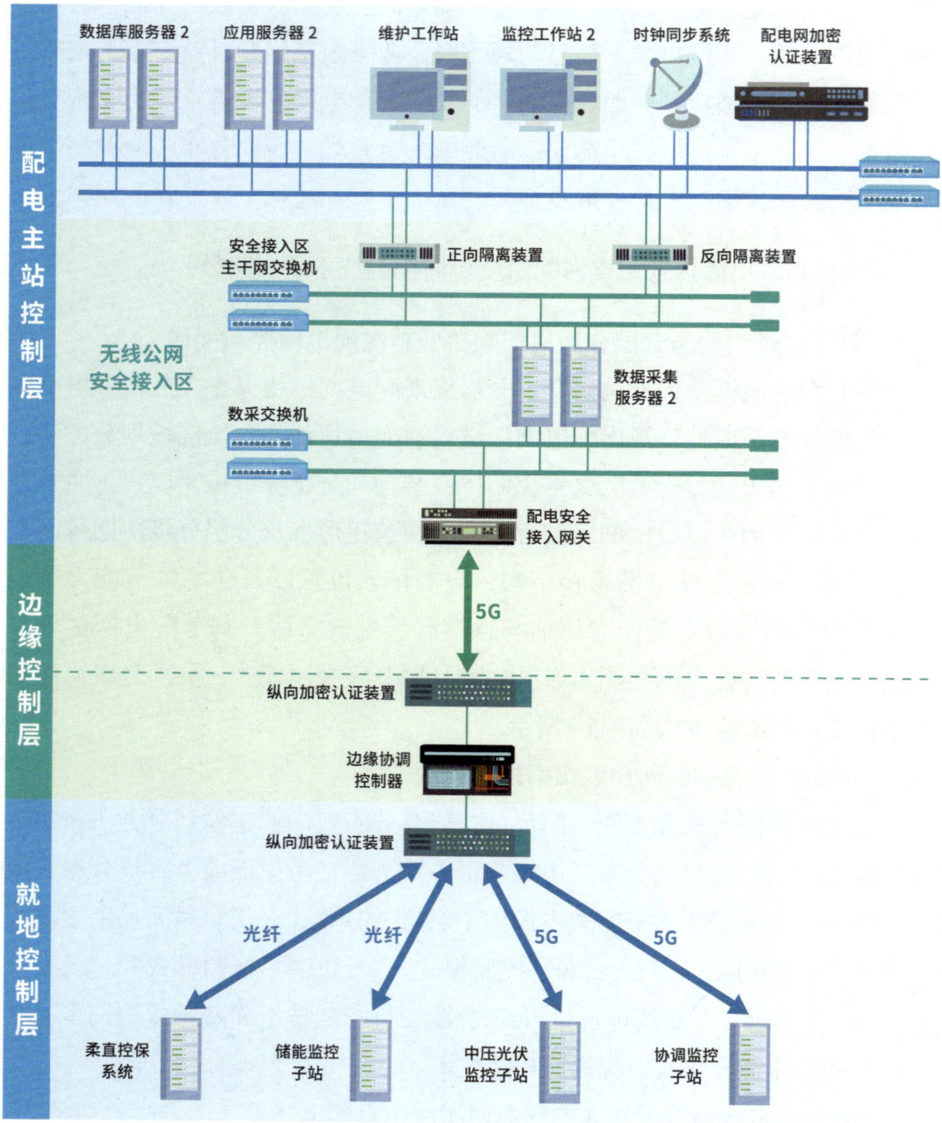

图3-6　分层分级协同的新型有源配电网控制方法

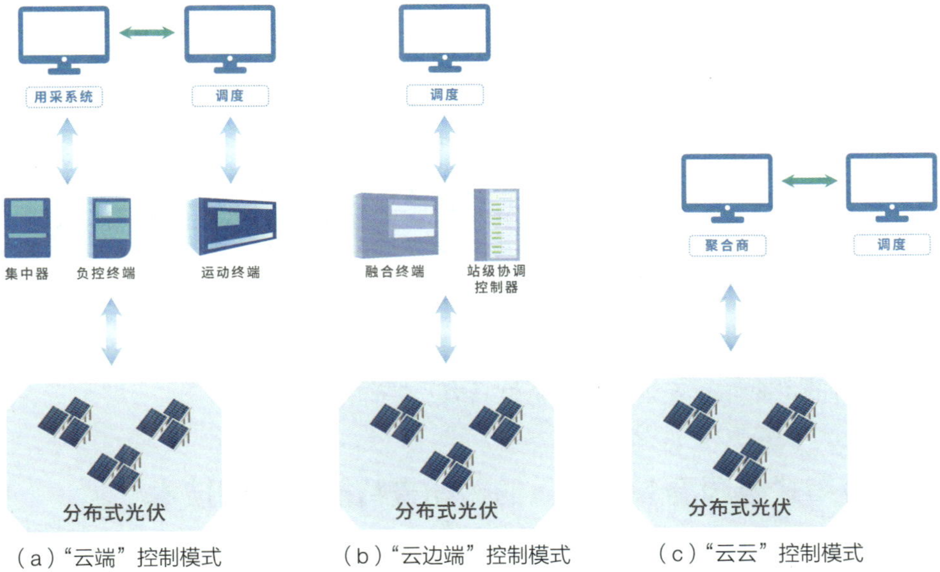

图3-7 分布式光伏多时间尺度集群控制模式

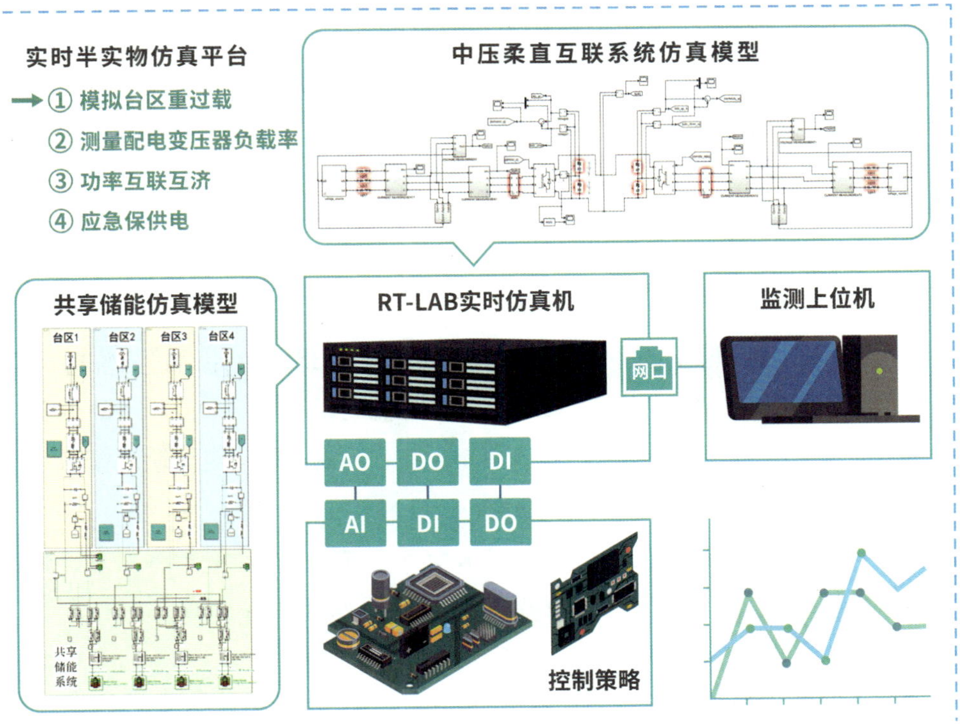

图3-8 含高渗透率分布式电源的配电网小步长仿真

（三）实现清洁能源消纳及电网安全经济运行“双赢”

构建新型有源配电网控制架构，有效解决分布式光伏并网接入难、负荷送出难、配电网信息交互复杂化等问题。构建多时间尺度的全过程数字仿真技术，能够有效地考虑分布式电源时空随机性，对含高渗透率的配电网准确建模，计算出最优运行方式下各分布式电源集群的电网出力，从而实现对有源配电网的精确模拟。建立含高渗透率分布式电源的主动配电网多时间尺度模型与全过程数字仿真测试平台，对研究分布式电源的友好并网与灵活消纳，提高配电网运行的可靠性、安全性、经济性具有重要作用。

四、分布式电源高渗透接入的多场景智能配微网技术

（一）分布式电源高渗透接入的多场景配微网供电质量问题突出

城区电网随着社会经济的发展，负荷急剧上升，呈现区域密集且不均衡状态；同时，城区分布式电源、充电桩等负荷侧资源增速迅猛，城区电网电能质量将受到严重影响，电网运行管控面临严峻挑战。

农村山区配电网处于电网末端，网架基础薄弱，随着整县光伏推进，农村配网中又接入了大量分布式光伏，接入容量与农村地区的负荷不匹配，难以就地全额消纳。农村配网变压器容量小，线径细，外送受到制约。此外，光伏发电自身接入方式采取直流逆变装置，向电网系统注入了难以控制的无功和谐波，造成农村配网电能质量难以有效管控。

企业用户利用工业厂房的屋顶，建设分布式光伏电站并网接入配电网馈线，引起馈线自动化保护失效、电能质量恶化等问题，影响工业用电的可靠性和供电质量。电网往往需要额外投入静止无功补偿器、统一电能质量控制器等设备用于提升工业用电用户的电能质量。

海岛地区，气候环境恶劣，易受高盐酸雾、台风、雷暴等极端灾害影响，许多海岛微网与陆上电网连接弱，不仅恶劣天气容易断电，往来船只和工程作业也常破坏海底电缆，供电可靠性差。

传统研究主要集中在“源—网”的互动协调，未充分挖掘电动汽车、储能、可调节负荷等“荷—储”的价值作用。随着需求侧管理的技术发展，充分挖掘用户侧资源，通过源荷储互动，在城区、农村、海岛等配电区域，构建适

应风光储多类能源接入的配微网形态，可更好地平抑新能源波动，保障分布式光伏高渗透配微网区域的供电服务质量。考虑到微电网受自身容量限制和新能源波动的影响，造成其功率平衡较为困难，通过储能设备和源、荷的深度互动，可实现平滑功率波动、削峰填谷等至关重要的作用。

（二）多形态微电网构建及运行控制技术研究路径

1. 基于柔直互联的台区组智能微电网技术

聚焦分布式光伏高渗透的城区配电网，实现光伏全额就地消纳、功率灵活互济、计划/非计划离网运行等功能，在构网技术方面，可开展基于柔直互联的台区组智能微电网交直流负荷协同控制技术研究工作，在直流侧建设集中式共享储能系统、车棚光伏、充电桩等直流负荷，构建台区组交直流混合微电网，满足多样化供电需求，提高电能利用效率。在装备技术方面，可开展柔性互联装置采用模块化设计、模块化运行、模块化运维/检修技术研究，不仅可以降低装置的建设成本，同时能够提高系统运行效率和后期可维护性。在控制技术方面，通过融合终端＋能量管理系统的协同控制模式，研究基于智能融合终端的台区灵活资源协同控制技术，实现台区组微电网自治运行。基于柔直互联的台区组智能微电网系统及控制架构如图3-9所示。

2. 基于共享储能的台区组智能微电网技术

聚焦分布式光伏高渗透的农村山区配电网，研究基于多台区储能系统PCS互联技术，实现多台区PCS复用，最大限度降低储能配置容量，实现台区组分布式光伏就地高效消纳，提升配电设备资产利用率。研究多台区电池单元共享型储能技术，通过电池单元分散部署、能量管理分布控制的建设模式，实现多台区电池资源共享、节约化发展，构建共享经济模式下分布式储能系统。研究基于智能融合终端边缘计算技术的“能量信息化”和“能量互联网化”的分布式能量管控与协同技术，通过信息系统实现能量的跨台区时空转移。台区共享型储能系统架构及控制架构如图3-10所示。

3. 多端互联低压柔性微电网技术

构建基于柔直互联技术多端环网型柔性互联系统，接入规模化分布式光伏，建成低压直流互联的网架，直流型源、荷在直流侧直接组网，省去规模化并网装置的交/直转换环节，有效提升系统效率。研究与配电网调度系统联动的台区级微电网技术，实现就地低压柔性直流装置负责台区间毫秒级、秒级的实

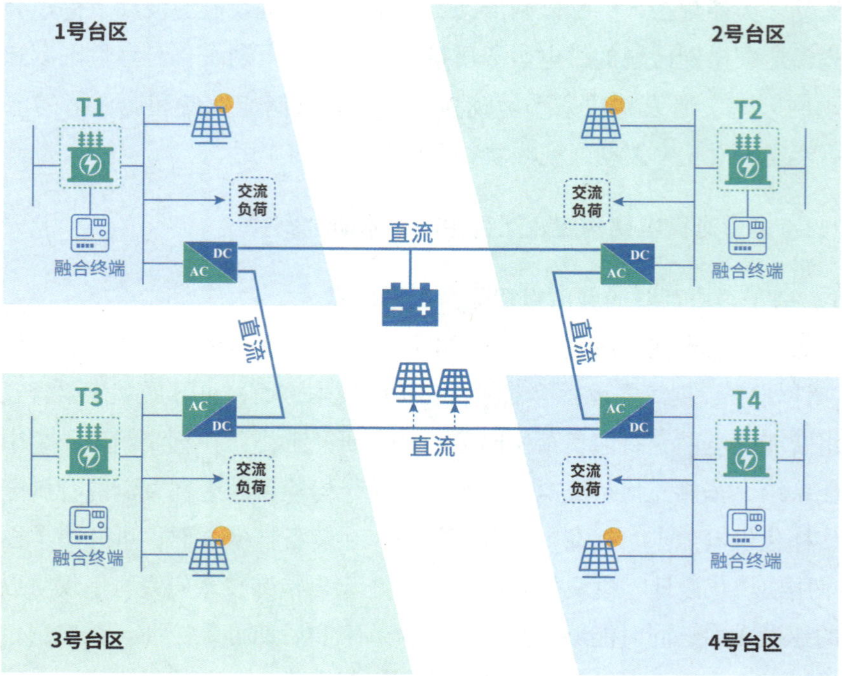

（a）网架结构

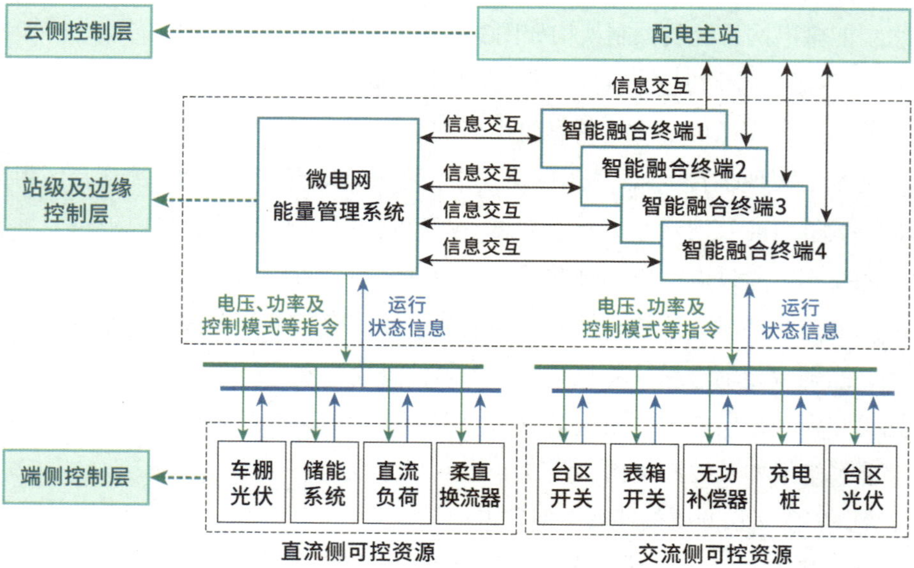

（b）控制架构

图3-9 基于柔直互联的台区组智能微电网系统架构及控制架构图

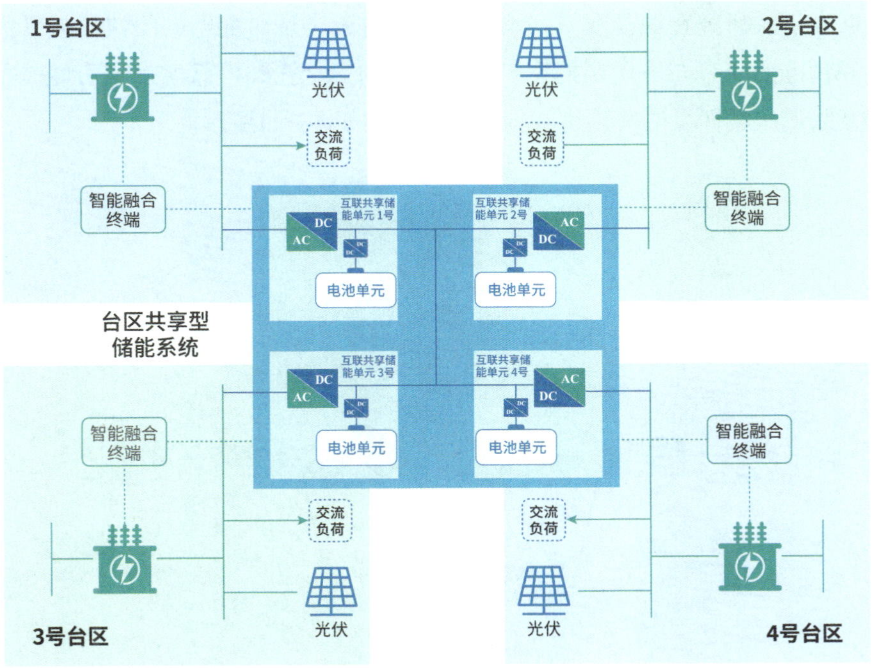

（a）网架结构

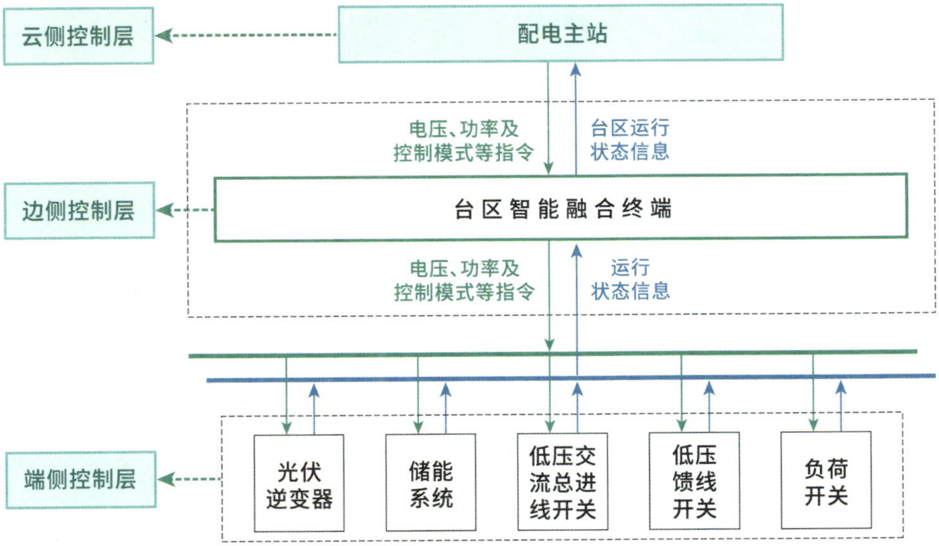

（b）控制架构

图3-10 台区共享型储能系统架构及控制架构图

时互联互济。研究在源荷双端强不确定性条件下实现对配电网络快速、灵活、连续和精准的功率与电压调控技术，使系统的安全性和可靠性得到明显提高。多端互联低压柔性微电网系统架构及控制架构如图3-11所示。

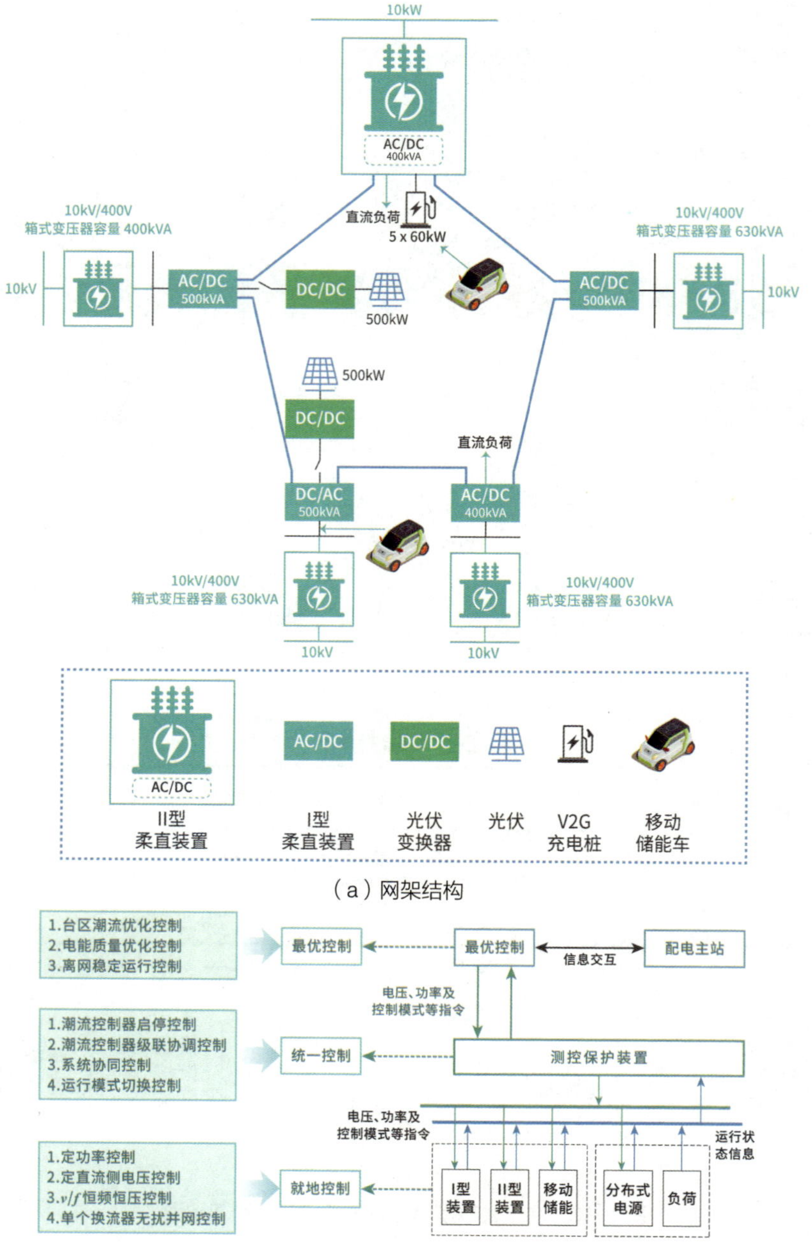

（a）网架结构

（b）控制架构

图3-11　多端互联低压柔性微电网系统架构及控制架构图

4. 海岛微电网应急场景下运行控制技术

聚焦分布式电源高渗透的海岛配电网，开展海岛微电网应急场景下运行控制研究，建立应急故障下孤岛微电网场景的精细化模型，提高对应急故障下分布式电源的精准预测度。提出海岛微电网并网运行工况下源荷储协调优化调控技术和孤网运行工况下应急调度运行控制技术；开展海岛微电网自愈及应急恢复技术，分析海岛微电网运行特性，研究基于历史数据的应急故障后分布式电源的功率预测及修正方法，并进行超短期和短期预测；针对全岛失电/海缆停运故障，研究故障发生后微电网内各个对象的交互行为及建模方法，海岛微电网网架结构见图3-12。

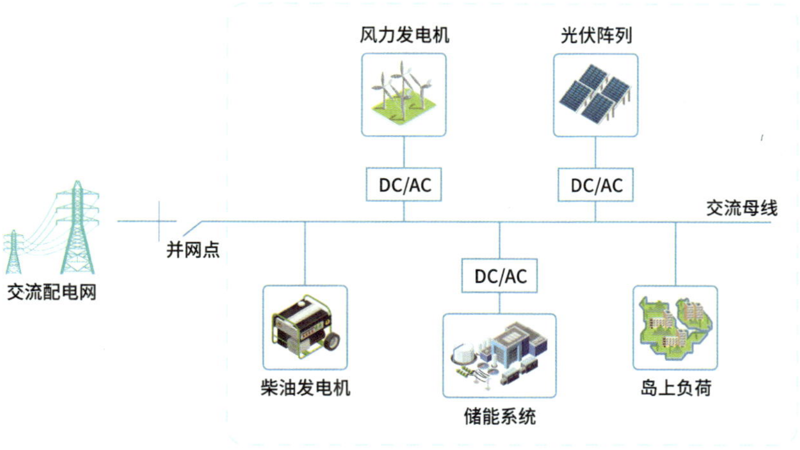

图3-12 海岛微电网网架结构

5. 基于柔直互联的馈线组智能微电网技术

聚焦分布式光伏高渗透的工业厂区配电网，研究基于柔直互联的馈线组智能微电网系统架构及源网荷储自适应协同运行控制技术与示范应用，解决10kV馈线侧中等容量分布式光伏的高效、友好消纳，提升馈线电能质量治理能力。研究基于柔直互联的馈线组智能微电网配微协同运行控制技术与示范应用，提升馈线组智能微电网的分布式光伏发电的管控能力和供电可靠性水平。基于柔直互联的馈线组智能微电网系统架构及控制架构如图3-13所示。

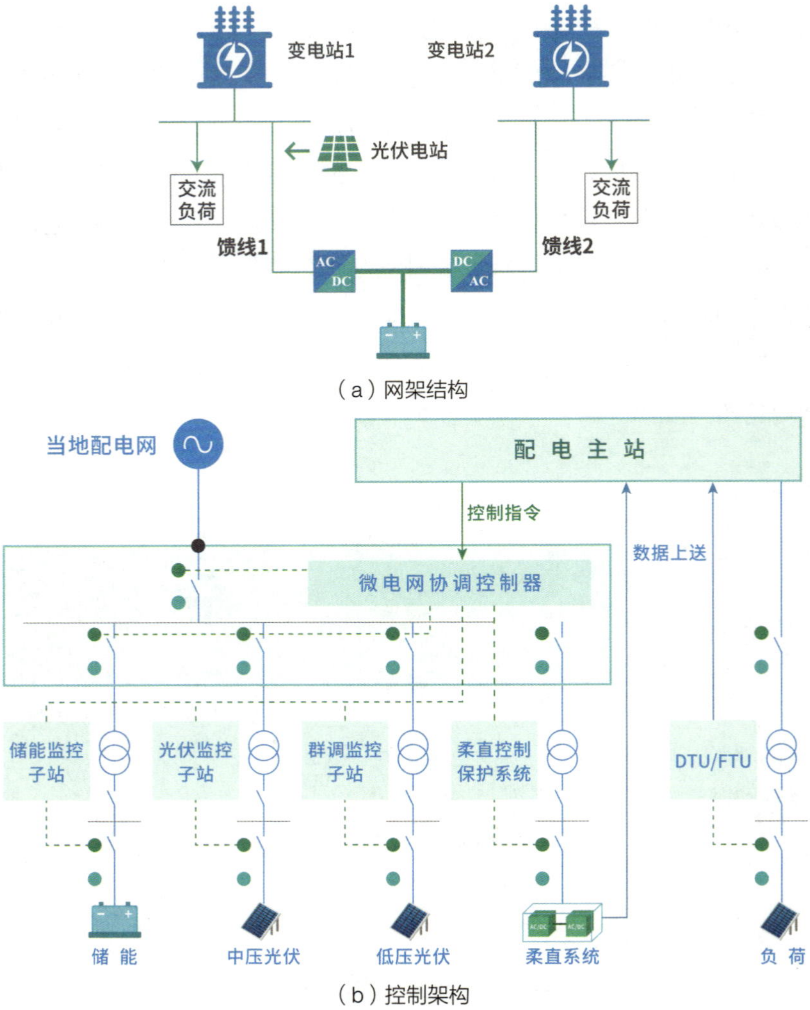

图3-13 基于柔直互联的馈线组智能微电网系统架构及控制架构图

（三）全面提升配电网多场景供电服务水平

上述研究聚焦攻克含高渗透率分布式电源的多场景智能配微网技术，可为实现分布式清洁能源、电动汽车、直流负荷等分布式资源在电网中的大规模便捷接入、灵活互通、高效利用开拓新路径，满足城区、农村、海岛和工业园区多场景用电需求。

（1）对于城区电网，构建基于柔直互联的多端配电台区级环网型微电网，将源侧、负荷侧、储能侧的可用资源聚合形成资源池，实现用能态势的数字化全景感知与柔性灵活控制，最大化消除新能源波动，促进新能源消纳。

（2）对于农村供电区域，构建基于能量信息化的分布式储能系统，实现信息—能源深度融合，探索台区电池单元共享型分布式储能，解决农村山区台区分布式光伏就地高效消纳，为农村山区高渗透分布式光伏高效、灵活消纳提供典范。

（3）对于海岛供电区域，构建弱联络型海岛微电网，实现在海缆故障期间重要负荷保供电，保障海岛离网长时间稳定运行，满足“黑启动”要求，充分挖掘海岛清洁能源资源，提高海岛供电可靠性。

（4）对于工业供电园区，构建基于柔直互联的馈线组智能微电网系统，解决馈线侧分布式光伏高效、友好消纳问题，实现馈线供电电源结构多元化，提高负荷供电可靠性、稳定性、经济性，提升多样化的供电服务水平。

五、配电网跨专业资源协同及数据共享技术

（一）配电网数据共享、设备灵活接入与业务协同基础薄弱

随着能源储输技术、通信技术、互联网技术等电力工业技术和新一代信息通信技术的不断发展，配电网将向着信息流、能量流高度融合的方向持续发展。然而中低压配电网联动工作机制尚不成熟，配电网业务资源协同效率不高，阻碍了配电网运维管理效率和供电服务水平的进一步提升。

随着分布式发电、电动汽车的快速发展，配电网正面临着大规模分布式发电、充电站设备及数据接入等带来的巨大挑战。主要表现在以下方面：海量终端接入能力需求增加，配电网对充电桩、分布式电源等监控设备数据接入管控需求增加；设备接入即插即用能力不足，电力电子类型的分布式电源根据应用场景专用设计，存在拓扑结构差异大、电气接口不统一、设备损坏更换可替换性差导致配网自动化运维效率低下等问题；跨专业协调支撑能力弱，新能源高比例接入配电网下源荷储协调优化调控和跨业务、跨应用、跨角色数据共享与业务应用支撑能力弱。

因此，配电网在多元源荷广泛接入背景下，需要解决数据互操作、设备灵活接入、业务高效协同三方面的挑战，以期实现互动用电与能效提升，保障配电网安全运行与高效运营。

（二）配电网云边协同与多专业数据业务协同研究技术路径

1．基于云边协同技术的配电网中低压联动工作机制

针对规模化充电桩、分布式光伏等新能源接入中低压配电网，需要推动配电主动服务变革和用电多样化供电服务变革。研究基于云边协同技术的中低压联动工作机制，提高配电网故障研判水平及主动运维、检修、抢修工作效率，提升供电可靠性和供电服务水平。研究基于工单驱动的中低压移动作业平台技术，重构配电专业移动应用，形成面向一线班组、统一的移动工作界面，通过主动运维、检修、抢修、储备、数据稽查五类工单的闭环管理及成效评价，对配电网运检业务进行数字化、透明化、流程化、痕迹化管控，推动运检模式由“周期＋计划”向“问题＋任务”转变，实现配电网运检工作的量化管控，提升配电网精益化管理水平。研究中低压网格化线路和全自主无人机作业技术，实现配电网智能巡检及故障主动预测，提升电网智慧服务水平，基于云边协同技术的中低压联动系统架构如图3-14所示。

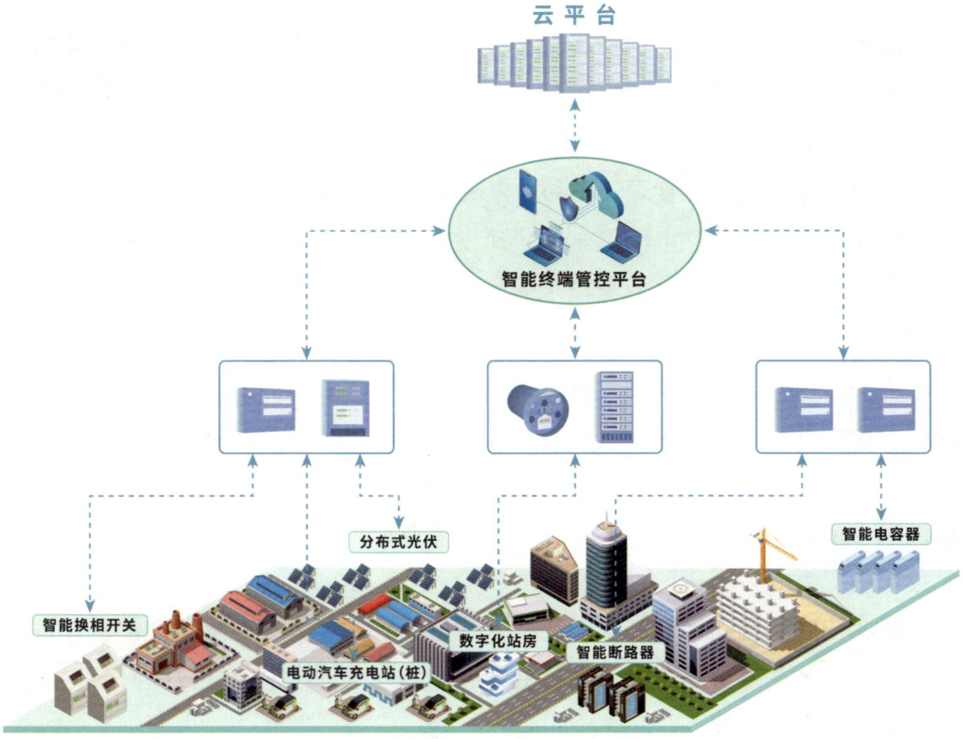

图3-14　基于云边协同技术的中低压联动系统架构

2. 配电网业务资源高效协同技术

为实现新能源高渗透接入、源网荷储优化协调控制、电动汽车有序充电等与配电网运行相关的多业务场景灵活互动，配电网跨域业务系统平台需进行连接，通过对多主体数据、设备资源的最大开发、利用和增值，以充分达到共同的目标。跨业务高效协同需要攻克新能源高比例接入的配电网源荷储协调优化调控和跨业务、跨应用、跨角色数据共享，与业务应用关键技术。

主要研究基于多业务资源智能调度的配电网云边端协同技术，构建云边端多业务资源协同计算模型，实现资源宏观配置与部署及多业务协同资源分配，配电网海量数据的分级、分布式存储和处理，实现云边端自下而上和自上而下的双向数据流、业务流的协同应用，满足在云边端协同应用下对配电网“电网—电源”“电网—负荷”“运行—管控”“运营—服务”“供电—用电”“网内—网外”等6种配电网典型业务资源协同应用场景的智能调度需求，配电网业务资源协同应用场景如图3-15所示。

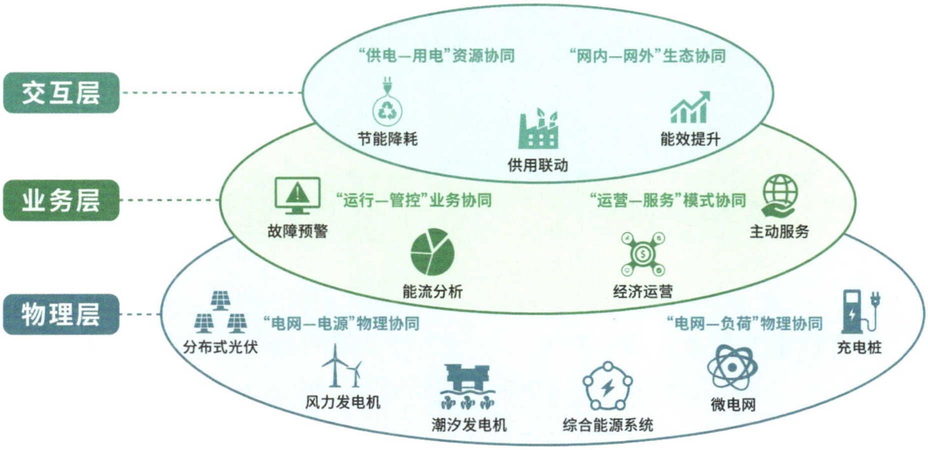

图3-15 配电网业务资源协同应用场景

3. 配电网多专业数据互操作和信息反馈管控技术

针对配电系统数据资源共享的封闭式壁垒问题，研究基于数据自身类型、数据所属主体的数据动态重构和数据动态分级等关键技术，构建去中心化式的数据共享信息系统架构；针对配电系统数据源广域分布、数据类型异质的特点，研究以数据清洗技术为预处理方式、数据通路设计为结构基础、虚拟集成为核心手段的数据集成技术；基于数据标准定义研究双驱动知识图谱模型，实现广域分布数据资源的高效集成与应用；针对配电网海量异质设备互操作需求多样化问题，研究信任域数据自适应、元数据模式衍化和资源对象建模等关键技术，进而研制配电网多层次间融合贯通的互操作执行协议；研究互操作协议的一致性检测工具，在多元应用场景下实现互操作协议的完备，保障跨域、跨应用场景下互操作的灵活运用。

（三）全面提升配电网跨业务协同效率

上述研究聚焦攻克配电网跨专业资源协同及数据共享技术，实现中低压配电网联动工作机制、智能巡检及故障主动预测。基于移动作业平台和边缘计算技术部署的故障预判、停电事件感知和故障精准定位等高级应用，提高主动运维、检修、抢修工作效率，改善客户用电体验。基于数字化技术与电网的深度融合，满足配电网对海量充电桩、分布式电源等监控设备数据接入管控以及跨业务、跨应用、跨角色数据共享与业务应用需求，实现配电网安全运行与高效运营，建立系统结构开放、设备接入灵活、数据双向交互、业务资源协同、供用友好互动的新型配电系统。

第三节 多元负荷新特性

随着国家节能减排战略和电力市场经济政策的推行，电力系统中电动汽车、储能、冰蓄冷、智能家居等柔性可调节负荷大量涌现，负荷特性由传统的刚性、高耗能、纯消费型，向灵活柔性、节能低碳、生产与消费兼具型转变，具体变化体现在三个方面：

（1）结构多元，电动汽车、储能、清洁供暖、智能家居、屋顶光伏的广泛应用，新型电力系统的负荷结构更加多元化。

（2）协调互动，大电网与微电网结构形态相容并存，需求侧响应、虚拟电厂及分布式交易等发用电一体的“产消者”大量涌现，系统运行更强调源网荷储协调互动和多能互补。

（3）需求多样，绿色电力、定制化服务、优质供电、电力大数据增值服务成为用户的新需求，推动能源消费服务体系不断升级创新。

多元负荷新特性的复杂化，使电网逐渐从“源随荷动”向“源荷互动”趋势转变，同时带来了一系列的问题与挑战，主要包括以下四个方面：

（1）源荷双侧高随机性、不确定性带来的负荷特性分析辨识不足、电力电量监测预测难度进一步加大。市场化改革的不断深入使得用户用电行为更加复杂，与形势政策、经济形态高度耦合，面对复杂的电力负荷变化规律，负荷特性和分布规律难以刻画。

（2）终端用能电气化水平不断提升带来电能替代技术更替快、碳减排效果评估量化困难等问题。据预测，我国终端电气化率将在2035年达到45%左右，并在2050年、2060年分别跃升至60%、70%。而当前我国电气化水平约为27%，终端能源消费需要减少对化石能源的依赖，转为采用低碳排放的电能，电气化率将持续提升。电能替代存在种类繁多、新技术更替快、碳排放与减排效果量化困难、实施路径的影响要素复杂等问题，对企业低碳发展及决策等提出了新的要求。

（3）分布式能源高波动性且分散、负荷协同优化及聚合能力不足、有效灵活调节资源不足等情况给电力供需平衡带来压力。随着能源短缺、经济形势变化和环境污染问题的凸显，负荷聚合商、综合能源、虚拟电厂、电动汽车等负荷侧新业务蓬勃兴起，但受价格政策、激励机制等约束，灵活调控规模偏小、方式较单一，海量潜在可控资源仅实现电量层面的消纳并未参与电网的电力调节，未有效提高电网的平衡能力。在用电负荷冬夏“双峰”特征日益显著，尖峰电力需求平衡问题成为影响电力安全供应的关键，安全保供形势不容乐观。

（4）电力低碳转型背景下“电—碳”市场新业务、新业态不断涌现，推动综合能源服务模式的变革创新。在国家产业结构升级、节能降耗等政策的带动下，电力消费呈现绿色低碳趋势。绿电交易精准匹配发电和用户需求，成为以市场化方式促进新能源发展、推动新型电力系统建设的重要抓手。绿色电力、定制化服务、优质供电、“电—碳”增值服务等新业态、新模式不断涌现，给电网综合能源服务发展带来了新的机遇。

为应对多元负荷新特性带来的问题与挑战，新型电力系统应通过人工智能、先进通信、大数据等技术与能源电力技术的融合应用，重点突破电力市场环境下新型电力电量预测技术、电能替代及能效提升关键技术、需求侧资源多元互动及高效利用关键技术及“电—碳”市场综合能源服务关键技术，以实现分布式电源和各类用电负荷可预测、可控制，提升参与电网运行调节的能力；提高终端用能电气化及综合能效水平，深入推进节能降碳；实现对海量分散灵活性资源的智能协调控制，促进源网荷储各要素友好协同；推动新能源消费的综合服务模式创新，打造多方共赢生态。新型电力系统多元负荷新特性场景研究框架如图3-16所示。

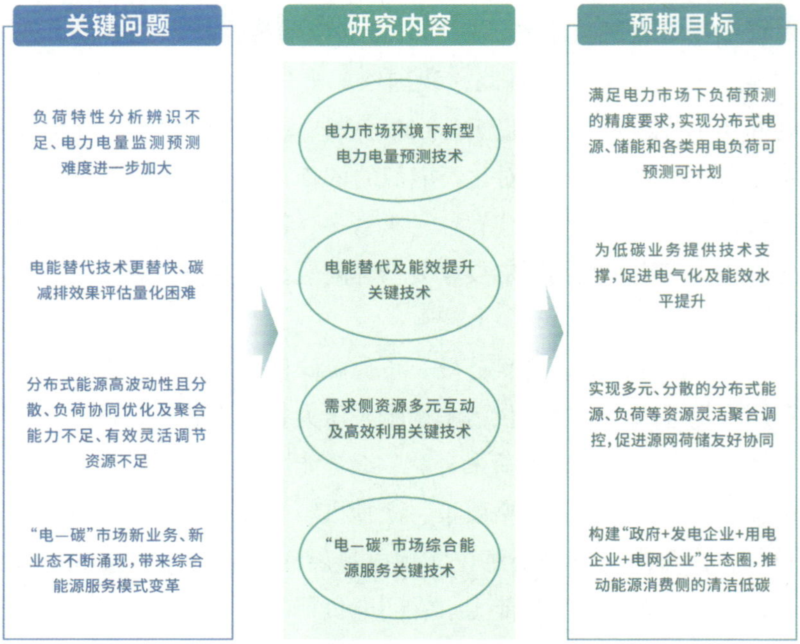

图3-16 新型电力系统多元负荷新特性场景研究框架

一、电力市场环境下新型电力电量预测技术

（一）传统方法难以预测电力市场环境下的负荷变化规律

在负荷特性分析方面，早期的电力系统负荷特性研究未对各类电力负荷进行实时监测，缺乏相应基础数据支持及对行业内用户的二次聚类，研究指标体系的全面性不足。开展广义负荷特性分析方法研究，有助于突破传统负荷预测的瓶颈，提出面对新型电力系统的新型电力电量预测算法。

随着电力市场改革的深入，市场主体对负荷预测的准确性、实时性、可靠性提出了更高要求，需要持续开展电力负荷预测技术研究，分析电力市场环境下新型源荷储聚合体负荷时空变化特征，提出面对新型电力系统的新型电力电量预测算法，初步掌握电力市场下电力系统短期负荷预测、中长期负荷组合预测关键技术，为市场主体优化决策提供可靠依据。

电力市场中，负荷预测是市场主体决策的基础和依据。面对复杂的电力负荷变化规律，传统以人工经验为主的预测方式难以适应新的形势和需求。电力市场环境下新型电力负荷预测亟须解决以下三个问题：

（1）以电动汽车充电桩为代表的新型负荷带来的负荷不可预测性问题。

（2）电力市场发展和代理购电政策带来的市场化采购电量预测问题。

（3）以光伏、风电为代表的新能源占比逐步增大，分布式新能源预测难度大。

电力市场环境下新型电力电量预测技术路线如图3-17所示。

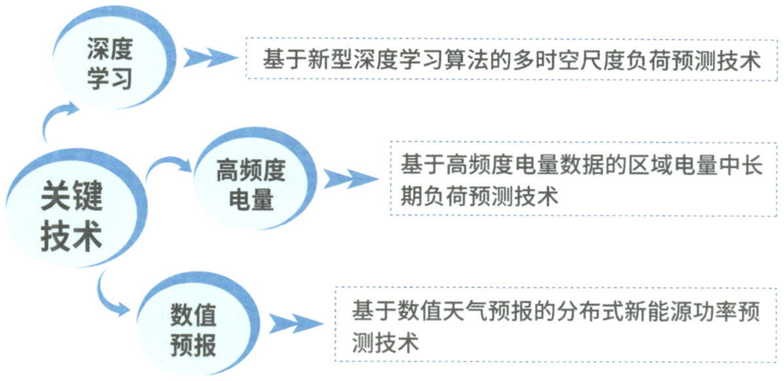

图3-17 电力市场环境下新型电力电量预测技术路线图

（二）新形势下的新型负荷预测技术路径

1. 基于新型深度学习算法的多时空尺度负荷预测技术

研究以日、周为时序周期的短期负荷预测技术，构建负荷预测样本数据库，代入算法模型预测未来日、月、年的各典型负荷曲线。研究内容涵盖基于时序外推的统计学算法库构建、基于时序分析的正常日预测、气象因素影响分析、预测误差统计及概率性短期负荷预测、短期及超短期负荷预测系统构建等方面。包括研究自注意力机制的长序列时序预测算法、市县级区域短期负荷预测技术、电网主设备重过载预测预警技术、馈线和台区预测及风险研判辅助决策技术。基于新型深度学习算法的多时空尺度负荷预测技术路线如图3-18所示。

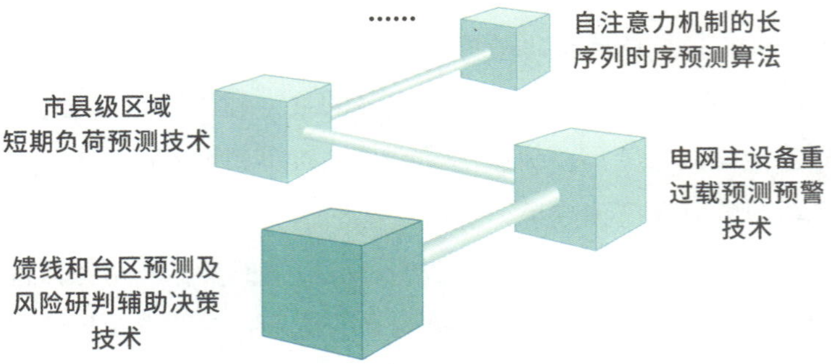

图3-18 基于新型深度学习算法的多时空尺度负荷预测技术路线

2. 基于高频度电量数据的区域电量中长期负荷预测技术

迭代更新以年度、月度为周期电力电量预测模型，研发分行业工商业电量预测、随机性和政策性事件修正模型，服务市场化购电量月度预测工作，持续提升中长期负荷预测精度。研究内容涵盖基于日电量数据的中长期用电规模预测模型研究、基于多源外部影响因素的模糊聚类识别预测技术、多预测量的联合概率综合优化分布、中长期负荷预测多级协调等方面。包括基于日电量数据的中长期用电规模预测模型研究、基于多源外部影响因素的分地区分类月度售电量预测技术及计及重大活动、疫情、异常气候、节假日等随机性、政策性事件影响的动态修正模型研究。基于高频度电量数据的区域电量中长期负荷预测技术路线如图3-19所示。

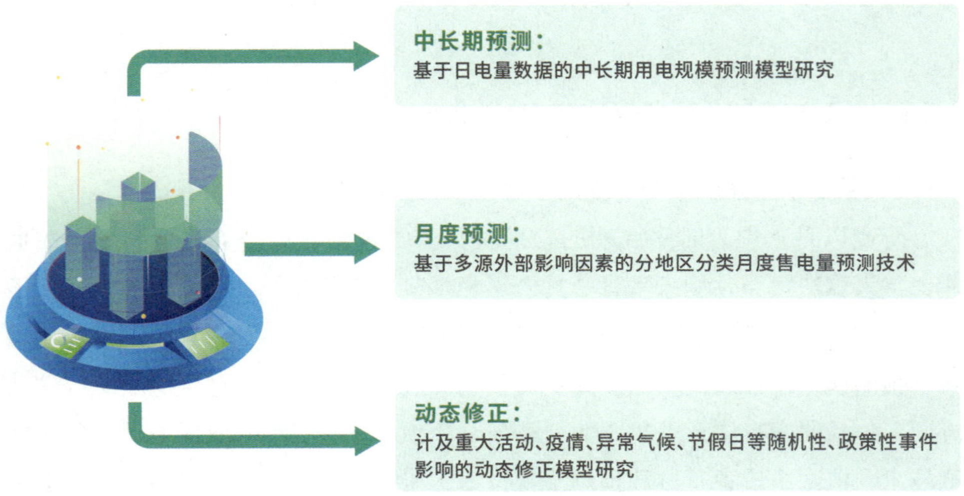

图3-19 基于高频度电量数据的区域电量中长期负荷预测技术路线

3. 基于数值天气预报的分布式新能源功率预测技术

研究适用于新型电力系统的数值气象预报数据应用，研究适用于分布式光伏功率区间及概率预测技术，研究基于大周期气象数据的风电功率预测技术，研究基于广义负荷预测的微电网储能充放策略优化关键技术。基于数值天气预报的分布式新能源功率预测技术路线如图3-20所示。

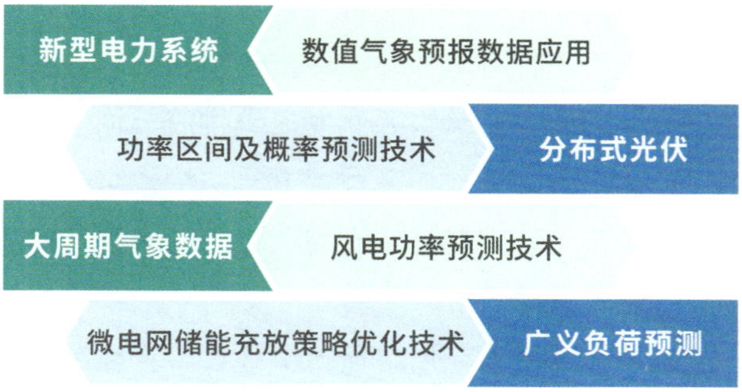

图3-20 基于数值天气预报的分布式新能源功率预测技术路线

（三）提升多元负荷精细化预测能力

利用科学的特征分析数学模型，找到准确、简便、快捷的分析与预测方法，从而改善以往依赖经验判断或过于强调理论逻辑而脱离电网实际的预测方法，满足企业提升预测的精度要求。同时加入新能源、分布式能源的影响因素，解决传统预测方法无法反映广义负荷特性的问题。分析电力市场环境下新型源荷储聚合体负荷时空变化特征，提出面对新型电力系统新形势下的新型电力电量算法，为市场主体优化决策提供可靠依据。

二、电能替代及能效提升关键技术

（一）电能替代的减排效果评估量化困难

在工业、交通、建筑和居民生活等领域进一步拓展电能替代的广度和深度，将有助于提高全社会电气化水平，支撑电能在交通、居民生活、工业生产等各领域的广泛替代。近年来，电能替代向多领域稳步推进，但仍面临以下问题：

（1）目前建筑与工业领域供热以化石燃料为主，碳排放量居高不下，热源制备亟须向低碳化、清洁化转型。并且存在新能源利用率不高、未建或建后少用现象普遍、可再生热力潜力挖掘不足等问题。构建电—光—热一体化供热系统，可满足清洁用热需求，兼顾新能源消纳与电网稳定运行，为用热需求提供电能替代综合解决方案。

（2）电网连接电力生产和消费，源侧不同类型的电力发电都有碳排放产生，发电碳排放经过电网输配电网络，将转移到用户侧，亟须完善绿色低碳技术评估体系，通过源侧不同类型电力发电碳排放绩效核算方法、发电碳排放经输配电网转移变化规律的研究，掌握源侧发电碳排放经输电、配电网络的转移变化规律，建立用户侧电力碳排放核算技术方法，构建全链条的电能替代碳减排水平定量评价技术体系，实现科学、客观、精确的电能替代方案碳减排效果预测、电能替代实施后碳减排效果后评估。

（3）城市是能源的主要消费场所，城市电能替代存在种类繁多、技术更替快、碳排放与减排效果量化困难、实施路径的影响要素复杂等问题，因此需要将电能替代战略和国家“双碳”目标结合起来，通过分析城市能源系统碳排放水平与减排潜力，量化电能替代技术减排效果与技术成熟度，搭建分层聚合终端能源电能替代仿真平台，进而在不同分析边界下推演出城市电能替代实现路径。电能替代及能效提升关键技术路线如图3-21所示。

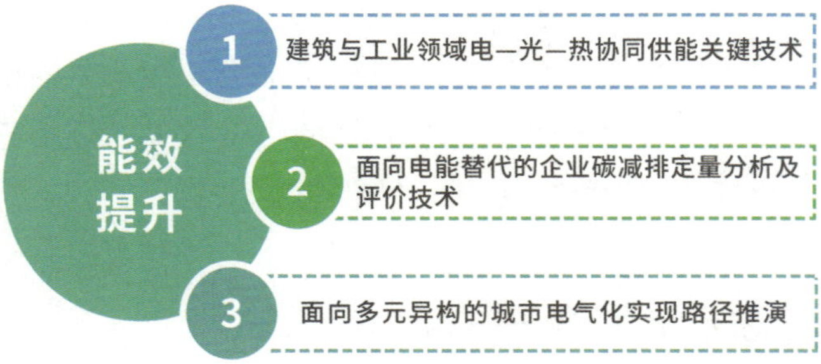

图3-21　电能替代及能效提升关键技术路线图

（二）电能替代及能效提升技术路径

1．建筑与工业领域电—光—热协同供能关键技术

分析建筑与工业领域多时空尺度用热需求，掌握电网供给—光能利用—热能转化的清洁供热协同机理，提出基于电—光—热一体的清洁供热规划配置方

法；研究基于电—光—热一体的供能关键环节性能特性，研发面向清洁用热的电—光—热一体化供热系统；研究电—光—热一体化系统多场景稳态和动态运行特性，以及考虑新能源消纳、电网稳定性和供热可靠性的系统协同策略；分析系统经济性和碳减排效果，研究计及电网稳定性、用能可靠性的系统评价指标体系与综合评价方法。

2. 面向电能替代的企业碳减排定量分析及评价技术

在电能替代领域，研究燃油汽车、民用煤、中小锅炉、工业炉窑等领域的碳排放特征，以及替代前后用能、用电特征；研究电能替代碳减排效果定量评价技术和优化技术；基于电能在工业企业生产环节的替代需求，研究企业用电、生产、碳排放关系模型；建立基于电能消耗的企业和行业碳排放预测技术；在此基础上提出基于减碳目标的企业生产环节电能替代和用能优化技术策略，促进电能在工业企业的用能占比提高。

3. 面向多元异构的城市电气化实现路径推演

研究基于多时间尺度运行模拟的电能替代实施后用户碳排放量核算模型，研发“自下而上”的电能替代用户、典型行业以及城市分层聚合的碳排放全景模拟技术；构建重点行业典型电能替代技术经济性评价模型，研究多维度的电能替代技术综合评价指标体系与评价方法；分析重要外部要素对电能替代实施场景的影响机理，研究电能替代未来实施场景的分析边界；在不同分析边界下，研究城市电能替代分阶段、分行业差异化实现路径。

（三）提升电能替代及能效水平

（1）为建筑与工业领域中低温清洁用热、低碳能源多样的企业构建满足中低温清洁用热的电—光—热一体化供热系统，提供电能替代综合解决方案。提高建筑与工业领域电气化水平，促进新能源消纳，减少碳排放。通过综合能源服务公司推广应用，助力建筑与工业领域电能替代业务拓展。

（2）建立用户侧电力碳排放核算方法，结合用户电能替代前、后的用能和用电特征，建立用户电能替代前后的碳排放计算模型，进而构建全链条的电能替代碳减排效果定量评价方法和优化技术，为电能替代拓展工作提供碳减排预测和效果优化、电能替代碳减排效果后评估等技术服务。

（3）支撑低碳城市能源系统建设，围绕城市电能替代业务拓展工作，分析未来不同时段应关注的重点行业，以及可推广的适用技术，提升城市电能替代的经济性和有序性，也可服务于各省市政府的能源主管部门，为制订城市建设与发展规划提供决策依据和验证手段，助力低碳城市建设。通过综合能源服务公司推广应用，挖掘城市电能替代用户，指导电能替代业务有序拓展。

三、需求侧资源多元互动及高效利用关键技术

（一）能源转型背景下多能互补调度面临规划、控制、协同难题

随着新型电力系统建设的加速推进，在可再生能源、需求侧响应、电动汽车、储能等多重因素耦合影响下，电力负荷从传统的“纯负荷”逐渐演变为具有“负荷＋电源”双重特性的广义负荷。同时给电力系统的供需平衡带来一系列问题：

（1）不同类型负荷的需求峰谷交错，需要协调规划、优化多种能源的配比关系。

（2）波动性能源集群难以控制，需要提高协调调度技术。

（3）充放电终端耦合尚不成熟，需建立互补协调优化调度模式与策略，实现全局优化与实时控制。

（4）需完善配套市场机制和辅助服务市场，消除商业模式模糊、价格瓶颈、政策规划衔接不顺等。

为了充分挖掘多能互补潜力，缓解电力供需矛盾，需要在多级调度快速协同、清洁能源优化消纳、调度计划优化技术等方面深化研究。需求侧资源多元互动及高效利用关键技术框架如图3-22所示。

（1）在电网超负荷运行及用电紧张背景下，开展精准负荷控制成为解决电力供需矛盾、破解电力短缺困局、保障电网安全稳定运行的有效手段。为助力构建新型电力系统，需要揭示能源电力供需互动机理、研判供需互动模式，厘清能源系统与电力系统的交互作用机理，充分考虑一、二次能源耦合对电力供需的影响。

（2）传统电力需求响应作为一种行政手段，其执行过程也是以行政分区为单位进行任务分配的，通常会造成资源定位不准确，无法完全满足电力调度部门的需求。以新型电力系统高质量运行为目标，构建新型电力系统调度运行技术支撑架构，通过构建分层分区架构来管理可控负荷资源池，以实现负荷调控命令的准确下达与执行。

图3-22 需求侧资源多元互动及高效利用关键技术框架

（3）车网互动技术尚处于起步探索阶段，充电聚合商（运营商）的负荷调控能力、交易决策能力远达不到灵活、精确响应。充放电集群响应调控不精准、用户受控体验差参与率低，且原有粗放的、“拍脑袋”的报量报价方式已不能满足多元市场综合收益最优决策需求，导致聚合商无法有效组织充放电资源参与市场，极大影响电网对充放电可调资源的充分利用。

（4）在实现需求侧负荷精准控制的同时，开展需求侧响应多元资源参与交易的市场机制研究，充分发挥电力需求侧响应提升系统灵活性的积极作用。创新电力需求响应市场化模式，完善柔性负荷等需求响应资源参与辅助服务市场、现货市场、容量市场的市场化机制，发挥需求响应资源及其聚合商市场主体功能。

（二）需求侧资源多元互动及高效利用技术路径

1. 新型电力系统下能源电力供需互动技术

从能源供应和能源消费两个角度出发，提炼新型电力系统下电力供需互动典型场景，分析电力供需互动的形态特征和演化路径，研究新型电力系统供需互动典型模式；考虑综合能源发展、电力供需互动对电力负荷特性的影响，研究适应夏冬双高峰、早晚双高峰的电力负荷特性分析方法；以能效最优为目标，考虑市场机制和政策激励“双轮”驱动，研究适应能源综合高效利用的能源需求侧管理技术。供需互动模式如图3-23所示。

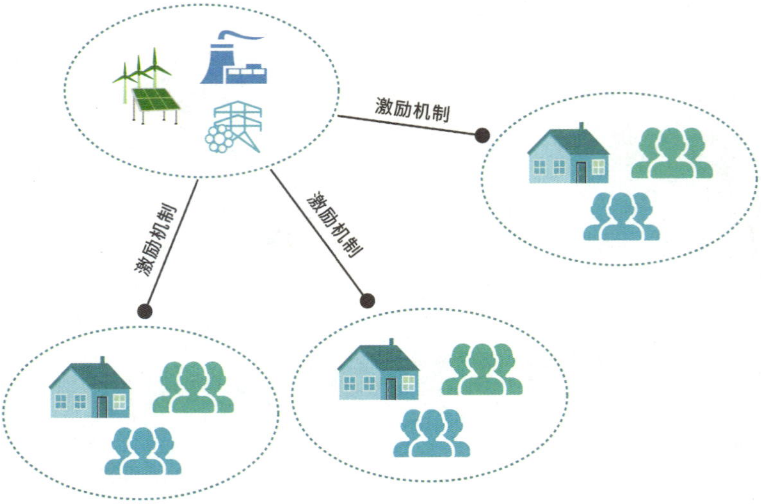

图3-23　供需互动模式

2．面向海量微众源网荷储资源的全景感知平台

针对车联网平台、智慧能源服务平台、第三方独立主体聚合商、大用户四大类可调节负荷渠道，明确各类数据的接入方式、接入标准、接口标准和采集精度，实现源网荷储充等能源全环节的动态感知和实时采集。构建新型电力系统调度运行技术支撑架构，形成建模、接入、采集、控制等一系列的技术标准和安全标准，制定源网荷储的调度安全接入标准、安全运行管理和安全防护管理规范。结合源网荷储资源配置条件，建设全景感知平台。海量微众源网荷储资源全景展示如图3-24所示。

3．多元市场下的充放电负荷交易决策与精准调控技术

考虑用户满意度和调控不确定性，提出充放电负荷建模与精准调控策略；提出电动汽车参与多元电力市场与碳交易市场耦合的运营体系；提出多元市场综合收益两级优化决策方法；并选取典型区域电网开展规模示范应用，为多元市场下充放电资源的交易决策提供有力技术支持，实现效益最大化的同时提升用户体验，从而有效发挥出海量电动汽车的调节能力。

4．计及碳减排的源荷互动与商业模式

研究分散式灵活性资源与新能源协同互动等典型应用场景下促进碳减排的

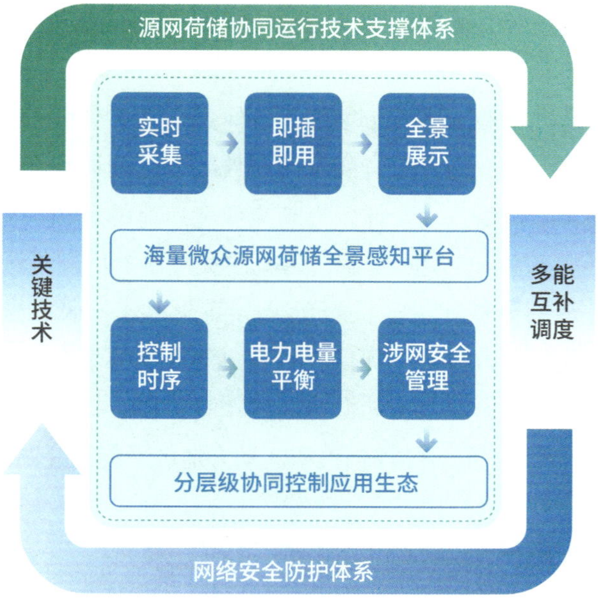

图3-24 海量微众源网荷储资源全景展示

关键技术，基于分散式灵活性资源的技术特性，分析典型应用场景下分散式灵活性资源聚合对促进新能源消纳的作用以及聚合配置方案；构建以电网为平台、多类型能源融合互动的分散式灵活性资源和新能源协同运行模型，提出典型的优化运行策略、商业模式及配套机制；研究消费侧电力领域碳减排潜力评估方法，根据评估结果，提出电网在助力用电企业碳减排方面可以发挥的作用以及重点路径。

（三）提高需求侧资源高效管理能力

（1）实现计及不确定性情况下的能源电力供需互动模拟。针对典型场景，提出体现新型电力系统下源荷界限模糊化特点的新型电力系统供需互动典型模式；提出适应负荷曲线形态变化的电力负荷特性分析方法，为制订新型电力系统下的规划、运行方案提供有力支撑。

（2）构建新型电力系统调度运行技术支撑体系。实现源网荷储资源的全景展示、运行评价、协同调控；实现各类分布式电源、储能装置、多样性可控负荷模型的即插即用；研发源网荷储协同控制平台，运用层次分析和层次结构可视化，实现微众源网荷储资源的全景展示和运行评价。提高源网荷储各类资源灵活支撑现有电力系统并适应新型电力系统转型升级的能力，助力新型电力系统建设。

（3）提出电动汽车参与多元市场的运营体系。掌握分散充放电设施参与实时调控的效果评估方法，提升聚合商对内充放电资源的调控能力；为聚合商的市场交易决策及实施提供技术支撑，提高充放电负荷的资源协同及精准调控能力，为未来参与频率型响应奠定基础，为电网提供更多优质可调资源。

（4）提出合理的分散式灵活性资源聚合商业模式。研究分散式灵活性资源与新能源协同优化运行技术，评估分散式灵活性资源聚合对地区碳减排的作用。提出分散式灵活性资源与新能源协同的市场机制，提出计及经济、社会与环境效益的电网碳减排价值贡献评估模型，助力地区新能源开发利用水平提升。

四、“电—碳”市场综合能源服务关键技术

（一）“双碳”目标对综合能源优质服务提出新要求

随着可再生能源电力比例的不断提高，我国能源领域形成了碳交易、绿证交易、绿电交易三种市场机制并行的格局。绿证交易、绿电交易和碳交易，这三个市场在规则上各自独立，却又在政策目标、市场机制、参与主体等多个方面存在着千丝万缕的联系。

目前，碳交易、绿证交易、绿电交易三种市场机制均处于起步阶段。碳市场覆盖范围较小且碳价远低于欧洲；同时“电—碳”两个市场尚未形成互认机制，绿电交易、绿证交易产生的附加收益主要来源于购买者对绿色价值的认可，企业交易绿电的动力并不足。绿证交易市场交易率极低，绿电交易和绿证交易的环境价值还未完全凸显，国内绿证交易缺乏国际竞争力，绿电市场和碳市场尚处于起步阶段，其激励机制亟须优化和完善。

可以预见，在未来几年绿色关税背景下，越来越多的外向型企业对绿色电力及节能减排的需求将不断增加，无论是国内出于对绿色贸易壁垒的应对需求，还是对“双碳”行动本身的需求，绿电交易和绿证交易作为使用绿色电力的直接证明，未来大规模交易将是大势所趋。

（1）目前国内外仅有青海发布“绿电指数”量化评价体系，为绿色电力发展水平提供了测评手段。但现有绿色电力指标体系的内涵和科学评价还有待验证，与国际对标的可行性还处于探索阶段。不同省份的能源结构、电网发展迥

异，需要探索适用的绿色电力量化评估及提升策略。

（2）加快研究绿色电力溯源技术，应对更大规模的绿色电力交易。随着未来绿色电力交易规模的迅速增长，应利用好区块链、大数据等新兴技术，加速绿色电力溯源的相关技术研发。在我国现有的绿色权益交易体系中，除了全国碳市场，企业也可选择以购买绿电的方式进行减排。

（3）能源服务模式由传统地向客户提供单向供电服务，转变为向发用电一体、多元用能及能效提升靠拢，需要进一步衍生新模式、新业务，延伸综合能源产业链。结合大数据分析技术，研究绿色电力差异化优质服务及商业模式，引领现代能源服务体系建设。“电—碳”市场综合能源服务关键技术框架如图3-25所示。

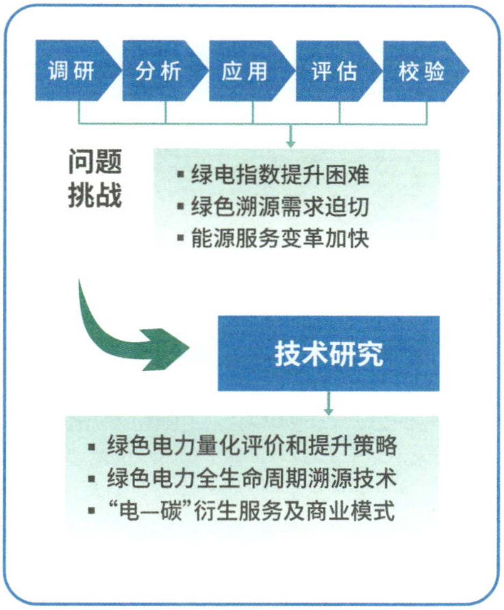

图3-25 “电—碳”市场综合能源服务关键技术框架

（二）“电—碳”市场综合能源服务技术路径

1. 区域绿色电力量化评估和提升策略

科学量化评价区域绿色电力发展水平。对接发电侧、用电侧、政府部门等，研究绿色电力指数提升的措施。研发绿色电力动态量化和提升综合分析软件，计算绿色电力指标得分并给出优化措施和建议。绿色电力指数量化评估指标如图3-26所示。

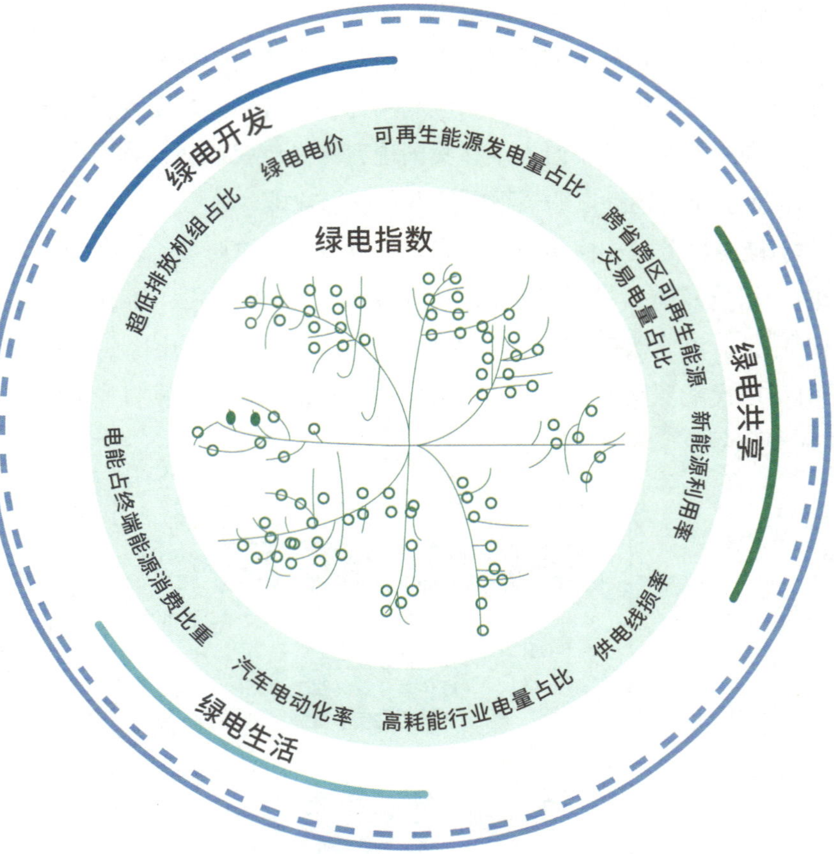

图3-26 绿色电力指数量化评估指标

2．绿色电力全生命周期溯源技术

开展国内外绿色电力溯源工作情况调研，研究绿色电力溯源全生命周期追踪技术，支撑碳足迹追踪体系建设，提出绿电追踪溯源技术并应用实践。包括四个研究内容：①研究绿电全生命周期追踪方法学。②开发碳流图等工具支撑碳足迹认证标准体系建设，研究绿色电力溯源技术在电网碳足迹追踪中的典型应用。③研究绿色电力溯源对绿证的支撑应用。④研究建立绿色电力溯源在不同用能场景的评价体系。绿色电力全生命周期溯源技术路线示意如图3-27所示。

3．“电—碳”衍生服务及商业模式

研究基于大数据分析和互联网技术的绿色电力营销体系，主要开展以下研究：①研究分时电价、绿色消费积分、碳普惠积分、社区排名、虚拟电厂或需求响应等激励措施或政策对消费侧的影响，引导用户错峰储能和用电，鼓励绿色用电。②建立控排行业的“电—碳”预测模型，提出可行的绿色电力差异化增值服务套餐和资费方案，研究咨询、代理、方案制订等交易类增值服务品种。③探索绿电消费与能耗评价、绿色工厂、零碳园区、用能权挂钩，提供多元的“电—碳”组合服务。绿色用电激励措施如图3-28所示。

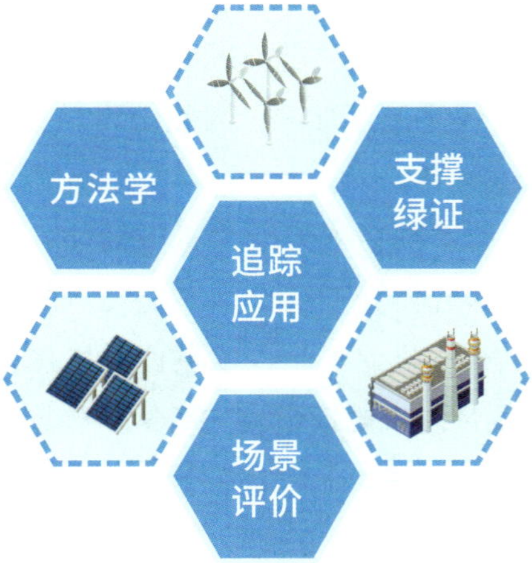

图3-27 绿色电力全生命周期溯源技术路线

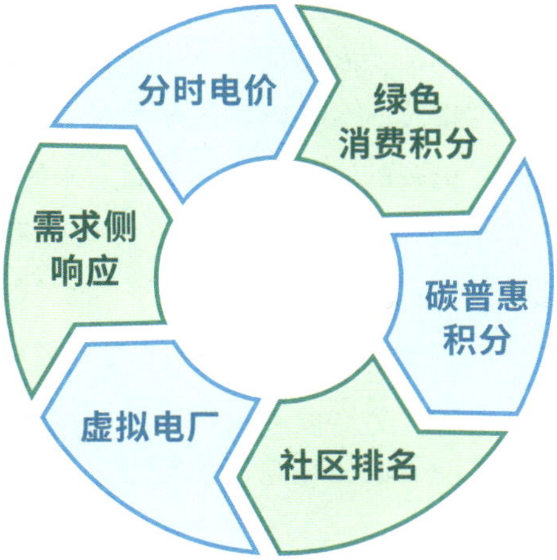

图3-28 绿色用电激励措施

（三）构建综合能源优质服务体系

（1）建立多维度绿色电力衡量体系，一方面有利于电网公司掌握新能源电量的整体消纳情况，为新能源传输通道规划，以及优化调度提供依据；另一方面为政府和社会引导可再生能源发电合理投资、促进新能源投资决策优化、合理节能减排提供参考。

（2）研究绿色电力溯源技术，推进碳价追踪体系建设。以能源大数据为中心，引流外部能源数据，开发碳流图等工具支撑碳足迹认证标准研究，建立碳足迹追踪体系，为与欧盟成员国对标提供技术支撑。

（3）设计“电—碳”市场新型衍生商业模式，建立绿色用电营销体系，可更精细地研判清洁能源发展和活力、挖掘用户能耗提升潜力，为政府、企业、用户等各类主体决策提供参考，打造多方合作共赢生态。

第四节 储能应用新场景

储能对于电力系统的本质作用是直接或间接地提供灵活调节能力，消除电力供应和需求之间的不平衡，使得“刚性”系统可以变得“柔性”。能源清洁转型带来大规模新能源的开发应用，但风力发电、太阳能发电有随机、波动等不可控特点，难以提供稳定的电力供应，更无法随负荷需求变化而调节出力。随着能源清洁转型的深入推进，风电、光伏等发电装机占比不断提高，常规调节能力逐步减少，电力系统生产与消费之间的不平衡度加剧，因此需要引入新型的、更多的储能作为调节能力来源。

储能技术类型众多，按照能量存储方式的不同，主要分为机械储能、电化学储能、电磁储能、化学储能、蓄热储能等五类。不同类型储能技术的原理不同、技术经济性各异，发展应用水平也有明显差别。抽水蓄能（机械储能的一种）是现阶段最为成熟的储能技术，累计装机规模最大。新型储能（除抽水蓄能外的新型电储能技术）方面，电化学储能累计装机规模最大、发展增速也最快。截至2021年，我国储能累计装机规模为4266万kW，其中抽水蓄能约3639万kW，占比约85%；电化学储能约564万kW，占比约13%。

储能在电力系统各环节可广泛应用。在电源侧，可以平滑新能源出力波动，提升常规机组灵活调节性能；在电网侧，可以参与调峰调频，提供系统备用，缓解输变电设备阻塞；在用户侧，可以提高电能质量，参与需求侧响应。“十三五”以来，我国新型储能实现了由研发示范向商业化应用初期过渡，在储能提升新能源并网友好性、“储能＋火电”参与二次调频、储能电站参与调峰调频、分布式储能等场景都有工程示范应用。

新型电力系统的建设发展，不仅是需要配置规模化储能作为支撑，也要求储能与电力系统各环节深度融合发展。“十四五”期间，新型储能将由商业化初期步入规模化发展阶段，“十五五”实现全面市场化发展。预计2025年，国家电网有限公司经营区内抽水蓄能装机容量将超过5000万kW，新型储能装机容量将超过3000万kW；2030年，抽水蓄能和新型储能总装机容量将达2亿kW左右。随着技术经济性不断提升，储能应用范围、应用规模将进一步扩大，在新型电力系统中的应用场景也更加丰富，储能应用场景如表3-1所示。

表3-1 储能应用场景

序号	类别	场景	说明
1	电源侧	支撑高比例可再生能源基地外送	时移消纳、减少弃风弃光，支撑实现“风光水火储一体化”多能互补模式，促进大规模新能源跨省区外送消纳
2	电源侧	促进沙漠、戈壁、荒漠大型风电、光伏基地开发消纳	应用新型储能、制氢储能时移大型风光基地富余电力电量，支撑大规模新能源外送
3	电源侧	促进大规模海上风电开发消纳	海上风电＋储能融合应用，降低海上风电汇集输电通道的容量需求，提升海上风电消纳利用水平和容量支撑能力
4	电源侧	促进整县光伏开发消纳	平滑光伏出力，削减预测误差，提升光伏跟踪计划出力曲线能力，促进整县光伏消纳
5	电源侧	提升常规电源调节能力	提升火电参与电网调频的性能与效率，可作为火电机组“黑启动”电源，增加备用容量
6	电网侧	提高电网安全稳定运行水平	在负荷密集接入、大规模新能源汇集、大容量直流馈入、调峰调频困难和电压支撑能力不足的关键电网节点合理布局新型储能，充分发挥其调峰、调频、调压、事故备用、爬坡、“黑启动”等多种功能
7	电网侧	增强电网薄弱区域供电保障能力	在供电能力不足的偏远地区、薄弱电网末端，合理布局储能或风光储电站，提高供电保障能力。在电网未覆盖地区，通过新型储能支撑风光新能源开发利用，满足当地用能需求
8	电网侧	延缓和替代输变电设施投资	在输电走廊资源和变电站站址资源紧张地区，应用储能进行电网阻塞管理，延缓或替代输变电设施升级改造
9	电网侧	提升系统应急保障能力	替代柴油发电机作为应急备用电源，提升政府、医院、数据中心等重要电力用户应急供电保障能力
10	用户侧	支撑分布式供能系统建设	围绕大数据中心、工业园区、公路服务区等，应用储能提升分布式新能源、微电网运行稳定性，提高用能质量，降低用能成本
11	用户侧	提供定制化用能服务	针对用电量大且对供电可靠性、电能质量要求高的用户，应用储能灵活充放电，提升综合用能效益；应用储能进行电压暂降、低电压、三相不平衡等电能质量问题治理，支撑用电品质提升

总体来看，大规模储能深化应用有以下发展趋势：

（1）从可再生能源发电侧本地应用向电网系统级应用发展。从平抑可再生能源输出功率波动、减少预测误差等电源侧就地应用，逐渐向电网侧的系统级应用发展，如参与频率调节、削峰填谷、提高输配电设施利用率等，来增强电网消纳新能源的能力。

（2）从单点单类型储能向分布式多点多类型储能的综合利用发展。不同类型储能系统具有不同的功率与容量特性，可满足电网从动态、暂态到稳态的应用需求。区域电网、广域电网层面的应用，就更多需要对不同接入点、多种形态的储能进行统筹控制和协调调度，实现综合利用。

（3）从功能性示范应用到需求导向型应用发展。未来储能应用将更多从电网功能需求出发，基于抽水蓄能、电化学储能、氢储能等各类储能技术的特性评估来选择应用，使大规模储能与源网荷各环节深度融合发展。

（4）从试点示范性质应用到市场化商业应用发展。围绕目前储能收益模式单一、投资成本难以通过市场化方式回收等问题，需要完善有关机制体制，营造良好市场环境、合理疏导新型储能成本、拓展新型储能商业模式等，以加快新型储能市场化步伐。

为实现储能规模化应用发展，围绕新能源占比逐渐提高的新型电力系统建设转型需要，要聚焦大规模、高比例新能源接入消纳与高效利用对系统灵活调节能力的需求与挑战展开研究，重点关注以下关键问题：

（1）高比例新能源接入需要有大规模储能作为灵活调节资源支撑应对。现阶段储能应用普遍存在成本高、效率低、时长短，分散的配置方式无法体现规模效益等问题。更为高效的大容量储能、经济可行的长时储能、分散储能的聚合应用等关键技术有待攻关。

（2）新能源装机电量占比逐渐升高带来系统惯量下降、失稳风险增大等问题，需要新能源场站配置储能，充分发挥储能灵活调节作用，推动新能源从随网型向构网型转变。然而，目前新能源配置储能存在利用率低、应用水平不高甚至基本不调用等问题。

（3）储能收益目前主要来源于能量转换与辅助服务，储能有关的诸多市场和价格规则仍有待落地。储能商业模式不稳定，回报机制不清晰，政策变动对收益影响较大。新型储能商业模式、电价机制有待进一步完善健全。

把握规模化储能应用发展趋势，聚焦上述三方面关键问题，提出新型电力系统储能应用技术研究框架，如图3-29所示，重点将在集中式大容量储能系统集成与控制保护、分布式储能集群聚合与智慧调控、氢储能等多元长时储能技术深化应用、新型电力系统下储能市场机制与商业应用四个方面开展研究。

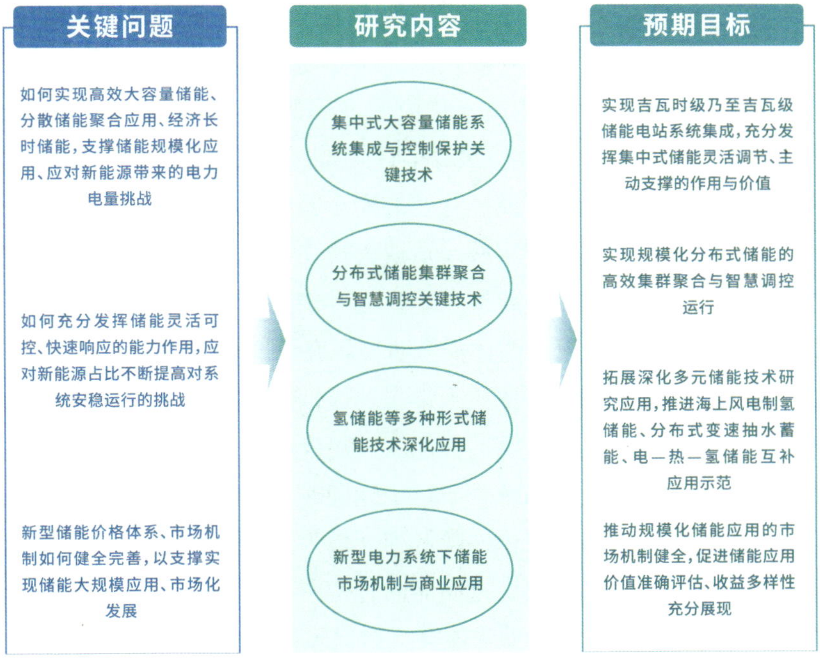

图3-29 新型电力系统储能应用技术研究框架

一、集中式大容量储能系统集成与控制保护关键技术

（一）集中式储能向更大规模发展对系统集成与控制保护技术提出新要求

截至2021年底，江苏、河南、湖南、青海等诸多省份已有百兆瓦级电化学储能电站投运或在建，验证了大容量储能电站快速响应、精准调频、应急支撑等作用，为储能电站的工程运行积累了丰富经验。“十四五”到“十五五”期间，电化学储能电站也将朝着吉瓦时级乃至吉瓦级规模进一步发展，追求实现转换更高效、安全更可靠、控制更灵活。但就大型储能系统设计与高效能量变换、安全预警防护与消防灭火、主动支撑电网的控制技术、储能电站系统级保护等方面还有待研究突破。

（1）吉瓦级/吉瓦时级大容量储能系统设计与高效能量变换技术亟待突破性创新。当前，大容量储能系统面临储能变流器（power conversion system，PCS）和储能电池相互独立投资成本高、多台PCS并联易产生振荡、两电平/三电平PCS电能变换效率低、大量的电池进行串并联要求BMS具有很强的电池管理能力等瓶颈问题。吉瓦/吉瓦时级电化学储能电站的集成结构将由低压大电流向高压小电流发展，也要求储能电池系统电压等级提升，伴随带来绝缘要求提升、电池不一致加剧及安全管理等难题。

（2）安全是制约新型储能规模化应用发展的关键问题，储能系统规模越大，越需要严格管控系统安全。2021年4月，北京大红门光储充一体化电站发生火灾爆炸事故，再次敲响了储能行业的安全警钟。电池储能应用的快速发展带来的是频发的储能电站燃爆事故，造成人员伤亡及严重的经济损失，极大限制了锂离子电池储能的大规模化应用。为提升储能安全水平，除要提升电池本质安全，也需要加强储能电站整体安全防控研究。

（3）大规模、高比例新能源接入带来的惯性下降等问题，要求集中式大容量储能更好地发挥主动支撑电网的作用。大规模、高比例新能源接入会导致电力系统整体惯性下降，带来系统频率稳定性问题。2020年，欧盟对欧洲输电系统运营情况进行调查评估，将惯性降低列为最为突出的问题。为承载大规模新能源接入消纳，需要集中式大容量储能向着构网型发展，更好地发挥主动支撑电网的作用，在电网故障或扰动时能够支撑保障系统稳定。

（4）为保障储能系统安全可靠运行，储能电站系统级保护、控制保护协同策略等仍需要研究突破。尽管都是逆变型并网电源，电池储能电站故障特性与光伏、柔直均有不同，需要考虑电池充放电状态及快速切换过程的故障响应。储能电站接入系统还存在差动保护灵敏度低、距离保护可能不正确动作、保护整定方法不适用等问题。为此，对于大规模储能电站的故障特性与保护方案、故障工况下控制保护协同策略均需深化研究。

（二）集中式大容量储能系统集成与控制保护技术路径

针对集中式大容量储能系统集成与控制保护，提出在新型储能、安全管控、构网型储能、控制保护协同等方面开展研究攻关。

1．集成模块化多电平换流器的新型储能系统技术

面向吉瓦级/吉瓦时级储能电站规模发展趋势，重点攻关集成模块化多电平换流器（modular multilevel converter，MMC）的新型储能系统技术，MMC型储能系统原理示意图如图3-30所示。按照“参数设计—运行控制—保护策略”思路，开展以下研究：①研究集成MMC的新型储能系统拓扑结构及参数设计，提出适用于新型储能系统的电芯、电池模组、电柜参数，子模块间电池电压均衡控制策略，形成适应新型储能系统的电池管理系统（battery management

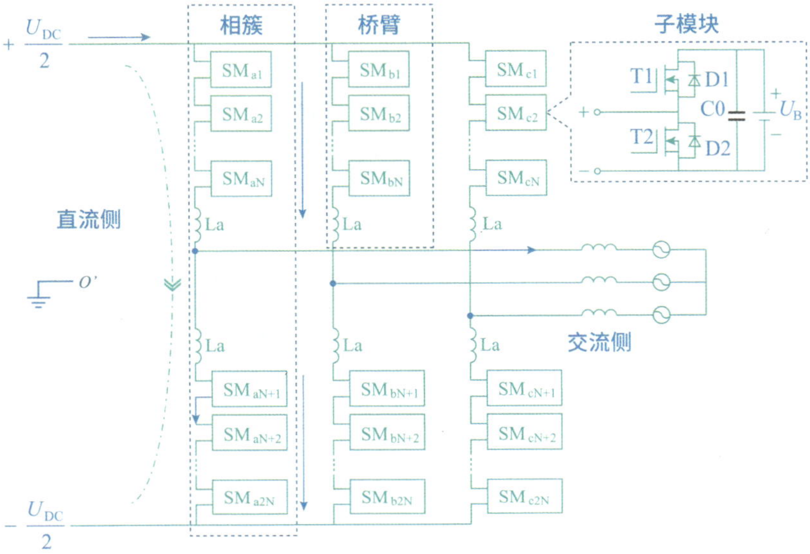

图3-30 MMC型储能系统原理示意图

system，BMS）技术方案。②研究模块化多电平换流器物理参数选择与对应惯量支撑能力的内在关联，考虑功率与惯量控制的交互耦合，形成吉瓦级储能电站主动支撑运行控制策略。③研究集成MMC的新型储能系统控制保护技术，提出新型子模块中功率器件、储能单元等核心元件控制保护技术方案，提出新型储能系统换流阀控制保护策略。

2. 大规模电池储能电站全过程安全防控关键技术

为全面提高大规模电池储能电站安全性，开展全过程安全防控关键技术研究，按照“状态检测—安全预警—多级防护—高效灭火”思路，开展以下研究：①研究储能电池智能传感技术，突破储能电池循环寿命快速检测和老化状态评价技术。②基于大数据的故障诊断和预警技术，研究电化学储能系统安全可靠预警。③针对系统安全多级防护，研究储能电池热失控阻隔技术、储能电池热失控主动抑制技术、电池簇热失控故障扩散抑制技术、储能系统热失控能量定向泄放技术。④研究储能系统高效灭火及防复燃技术。

3. 构网型储能电站主动支撑电网运行控制技术

攻关构网型储能电站运行控制技术，推动集中式大容量储能从主动支撑型、适网型、向构网型转变，构网型控制技术如图3-31所示。按照“单机—多机—整站”思路，开展以下研究：①研究基于虚拟同步机的储能变流器控制技

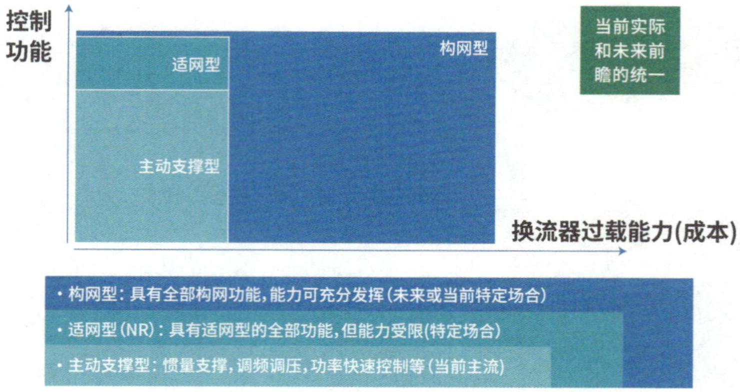

图3-31 构网型控制技术

术、多储能变流器并联运行暂态过程与多机协调控制技术。②研究构网型储能电站与电网的动态频率交互特性，大容量储能电站虚拟惯量响应、参与一次调频等控制技术，构网型储能电站无功电压支撑的控制技术。③研究多场景下储能电站在电压源/电流源模式之间的切换控制策略。

4. 集中式储能电站系统级保护与控制保护协同策略

攻关集中式大容量储能电站控制与保护之间协同配合，推进形成储能电站系统级保护策略与方案，保障其安全稳定运行。按照“分区保护配置—控制保护协同策略—系统级保护方案”思路，开展以下研究：①考虑大容量储能电站控制保护系统分层结构，研究大容量储能电站保护分区，研究储能电池单元、变流器单元、交流变压器单元等不同区域的保护配置方法与配合策略。②研究不同故障工况以及可能出现的BMS、PCS异常情况下的控制保护协同配合策略。③研究不同位置发生不同类型故障时储能电站故障特性及可能导致的安全事故风险，研究吉瓦级/吉瓦时级储能电站系统级保护方案，支撑保障储能电站安全运行。

（三）实现吉瓦时级乃至吉瓦级储能电站系统集成

上述研究聚焦解决集中式大容量储能电站系统集成与控制保护的难题，以保障其安全可靠运行，更好地发挥灵活调节、主动支撑的作用与价值，拟取得的效果效益如下：

（1）形成集成模块化多电平换流器的新型储能系统集成方案，为吉瓦级/吉瓦时级电池储能系统构建提供支撑。

（2）突破大规模电池储能电站全过程安全防控关键技术，全面提升储能电站整体安全性设计，支撑大规模储能电站安全运行。

（3）形成构网型储能电站主动支撑电网运行控制策略，实现大容量储能电站提供虚拟惯量响应、参与一次调频、动态无功电压支撑等功能，具备构网能力，可实现有功瞬时分担、瞬时短路容量支撑。

（4）明晰超大规模储能电站故障特性，形成大容量储能电站系统级保护策略与控保协同方案，有效提升储能电站安全运行水平。

二、分布式储能集群聚合与智慧调控关键技术

（一）分布式储能存在汇聚规模有限且调控模式单一的问题

与集中式储能相比，分布式储能可灵活实现不同地点的安装，从而减少新增线路建设损耗与投资。但分布式储能出力、接入点的随机性、不可预期性，相比于集中式储能对大电网的传统运行模式提出了挑战。目前针对规模化的分布式储能接入尚没有有效的调度运行控制措施，如若分布式储能作为一大批随机扰动电源无序接入电网，将对电网频率、电压和电能质量产生一定的影响，同时造成储能资源的较大浪费。如何实现多样化、点数众多、具有一定闲置率、碎片化分散式的储能装置的汇聚与统一调控，已成为业内关注的重点问题。

（1）分布式储能资源汇聚面向电网应用已初现雏形，国内已建成的分布式储能工程有河南电网侧分布式电池储能示范工程、江苏镇江电网侧储能示范工程等，但汇聚的储能资源来源和应用模式较为单一，主要是在输电网层面的应用且汇聚规模有限，虽然存在可借鉴的技术理论，但其核心问题尚未触及。配电网分布式储能汇聚概念的技术还有虚拟电厂和负荷聚合商等，其中涉及汇聚框架及运营模式的部分可参考，具体到系统性的分布式储能汇聚应用技术等方面研究还尚显落后。

（2）储能作为灵活性的可调资源，可助力新能源发电从适应电网走向增强电网。新版强制性国家标准GB 38755—2019《电力系统安全稳定导则》要求新能源场站应提高调节能力，必要时应配置储能电站等灵活调节资源。目前，新能源场站的主动响应、主动支撑能力还十分不足，在新能源场站与集中式储能电站协同运行控制、规模化储能与新能源联合优化运行和主动支撑控制技术方

面需要研究突破。

（3）整县域范围内高比例分布式光伏的接入给区域配电网带来过电压、潮流方向改变、电压越限、谐波、闪变、三相不平衡诸多问题，影响电力用户和电网设备的安全可靠运行。中低压配电网分布式储能应用是有效应对的手段，但就高比例分布式光伏中储能的建设运行模式、并网接入方式、容量配置和协调控制等问题仍需进一步深入研究。

（4）关于规模化新型储能可以有效支撑电网频率安全已形成共识，但如何应用到现有的频率安全防御体系中还缺乏系统研究。截至2025年，新型储能装机容量可达3000万kW，如此巨量的储能资源必须考虑其在频率控制的定位。从我国当前电网的频率防御体系着眼，应研究利用储能的快速功率调节特性，将其纳入频率安全三道防线，如何协调好其在频率安全三道防线中的角色的同时，兼顾储能系统的安全性和经济性也是其中需要重点考虑的问题。

（二）分布式储能集群聚合与智慧调控技术路径

针对省域分布式储能集群调控运行技术，考虑主网、配电网两个层面的分布式储能聚合应用与集群调控，提出在分散储能聚合、新能源与储能集群协同、分布式光储群控群调、规模化储能参与安全稳定控制等方面开展研究攻关。

1．分散布局储能集群聚合技术与优化调度策略

针对多点布局多类型储能资源，攻关分布式储能集群广域聚合与优化调度策略。按照“分配机制—优化调度—执行策略”思路，开展以下研究：①考虑不同储能系统之间的出力差异性与时空互补性，研究多点布局储能系统分组/分群依据与方法，建立基于多点布局储能系统差异化运行特性的功率指令组/群协调分配机制。②考虑储能分散配置模式，研究储能集群应用于调峰、调频、调压、断面控制等场景的优化调度。③考虑统一/分层的调度模式，基于省网调度层面，研究储能集群全局/分区协调优化控制策略，研究多点布局储能系统的协作机制和执行策略。

2．规模化储能与新能源联合优化运行和主动支撑控制技术

兼顾考虑新能源消纳需求及其电网支撑能力提升，攻关规模化储能与新能源联合优化运行和主动支撑控制技术。按照“主动支撑—优化调度—性能评价”思路，开展以下研究：①研究多类型储能与新能源场站协同惯量控制、一

次调频、动态无功支撑快速通信机制和控制技术，研究兼顾消纳水平提升与电网主动支撑的新能源场站与储能电站的多级协同控制技术。②研究兼顾实现移峰填谷、主动频率支撑、功率预测补偿等多应用场景的规模化储能与新能源集群的协同策略，研究规模化储能与新能源集群日前—日内多目标联合优化调度运行方法。③研究规模化储能对电网多维支撑能力评估指标和方法，研究规模化储能并网运行性能评价指标体系和方法。

3．分布式储能在高比例光伏县域配电网的布局优化和协同控制技术

针对配电网分布式储能聚合应用，重点攻关储能在高比例分布式光伏县域配电网的布局优化和协同控制技术，如图3-32所示。按照“优化配置—稳态控制—暂态控制”思路，开展以下研究：①研究考虑分布式光伏分布特性的县域配电网储能布局方法，研究计及县域分布式光伏消纳、电压稳定和县域用电匹配度等目标的储能配置技术。②研究改善高比例分布式光伏县域配电网潮流分布的储能控制策略及支撑效果评估，研究储能提升县域高比例分布式光伏消纳能力与台区用户用电匹配度的协调控制和能量管理技术。③研究储能在高比例分布式光伏县域配电网中的电压暂态支撑技术，研究储能提高高比例分布式光伏县域配电网末端供电质量的动态协调控制与综合治理技术。

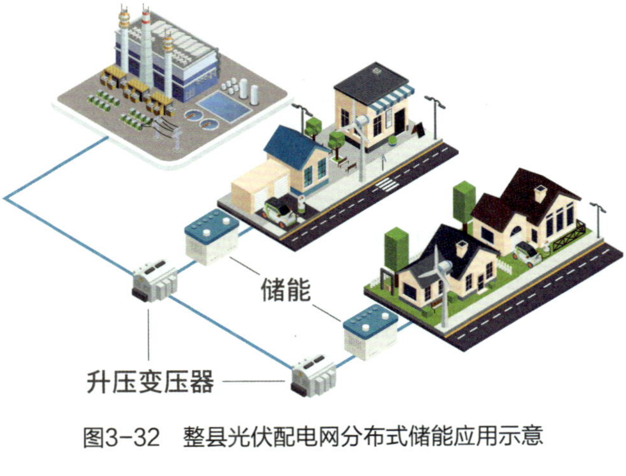

图3-32 整县光伏配电网分布式储能应用示意

4．基于规模化储能协同的电网安全稳定控制技术

考虑利用分布式储能的灵活调节、快速响应能力提升电网安稳运行水平，攻关基于规模化储能协同的电网安全稳定控制技术。按照“机理方法—控制架构策略—频率安稳控制”思路，开展以下研究：①研究规模化储能参与电力系

统频率控制以及为系统提供惯量支撑的机理，研究规模化储能增强电网运行灵活性和潮流调控能力的多点分散协调控制方法。②研究基于规模化储能分散协同控制的电力系统多层级安全稳定控制架构方案和多站协同控制策略。③研究规模化储能参与频率安全紧急控制的场网协同技术、规模化储能参与频率安全校正控制技术、考虑电网频率稳定控制需求的储能优化运行策略。

（三）实现规模化分布式储能的高效集群聚合与智慧调控运行

上述研究聚焦攻克规模化分布式储能聚合调控关键技术，支撑实现分布式储能集群聚合与智慧调控，拟取得的效果效益如下：

（1）提出多点布局储能集群协作机制和执行策略，研发部署规模化储能集群智能协同控制平台，实现多点布局储能分层分区优化调控制。

（2）兼顾实现移峰填谷、主动频率支撑、功率预测补偿等多应用场景的规模化储能与新能源集群的协同调控。

（3）掌握分布式储能在高比例光伏县域配电网的布局优化和协同控制技术，有力支撑整县光伏开发与新型配电系统建设。

（4）提出分布式储能系统规模化聚合支撑电网安全稳定的控制策略，推进实现规模化储能集群在电网频率安全三道防线中的深化应用。

三、氢储能等多种形式储能技术深化应用

（一）电力系统不同时间尺度的应用场景需要推进多元储能技术研究

不同类型储能技术经济特性各异，适用场景时间尺度也各有不同。其中，超级电容、飞轮等适用于超短时应用场景（秒级—分钟级）；短时储能（小时级）适合采用抽水蓄能、压缩空气储能、电池储能等；长时间储能（天级）适合采用氢储能、洞穴式压缩空气储能等。不同类型储能技术的功率等级及能量作用时间不同，新型电力系统不同时间尺度的应用场景，需要多元储能技术研究与应用。

氢储能作为最具潜力的长时储能技术，目前在电网中的应用处于探索起步阶段，但已受到高度重视。《氢能产业发展中长期规划（2021—2035年）》提出将逐步推动形成抽水蓄能、电化学储能、氢储能等多种储能技术相互融合的电力系统储能体系。当前涉及电制氢、氢储运和氢发电环节，现阶段还面临着

电—电转换效率低、储运设备成本高、存在一定安全隐患等问题，如何利用氢储能技术有效支撑构建新型电力系统尚缺乏深入研究。

抽水蓄能作为现阶段最为成熟的大规模储能技术，目前总量规模最大，现阶段建设以大容量、高水头和集中式为主，但受到地理条件限制，存在投资规模大、建设周期长、选址困难等问题。同时由于采用定速机组，电站整体运行效率不高，机组运行范围相对较小，难以频繁调节，主要是参与调峰。面向新型电力系统建设发展需要，变速抽水蓄能成为未来重要的技术方向。

多元储能互补应用方面，电、热、氢储能响应速度和能量密度具有互补特性，同时电力系统运行也具有紧急功率支援、一次调频、二次调频、日调峰、季节性调峰等多时间尺度的需求，但目前尚缺乏考虑三者的互补匹配研究。互补特性如何、采用何种互补匹配模式、多形式储能与电源如何协同运行、如何回收成本等问题都有待研究解决。

（二）多元储能技术深化应用研究技术路径

面向新型电力系统建设发展对于多元储能技术的需要，提出开展海上风电制氢储能及与电网互动关键技术、分布式变速抽水蓄能及与电网协调规划关键技术、电—热—氢储能互补应用等方面研究。

1．规模化海上风电制氢储能及与电网互动关键技术

海上风电可改善风电出力强不确定性，支撑新型电力系统提升灵活调节能力制氢场景示意如图3-33所示。针对规模化海上风电制氢储能及与电网互动，开展以下研究：①研究风电制氢储能主要设备的响应及工作特征，研究其稳定工况灵活调控技术以及故障工况控制保护策略。②考虑海上风电逆调峰和波动特性，研究制氢优化供电策略，减少对海上风电功率调节和电能送出的影响。③研究海上风电联合制氢储能与电网之间的影响机制，研究其参与电网辅助服务的运行模式与协调控制技术。

2．分布式变速抽水蓄能及与电网协调规划关键技术

分布式变速抽水蓄能具有容量小、水头要求低、选址较容易等优势，且可实现有功、无功解耦控制，具有更大的功率调节范围，对新型电力系统调节具有更强的响应能力。为此，可开展以下分布式变速抽水蓄能及与电网协调规划关键技术研究：①研究分布式变速抽水蓄能动态响应特性，研究分布式变速抽水蓄能的源网协调控制策略。②研究分布式变速抽水蓄能优化配置及其与电网

图3-33 海上风电制氢场景示意

协调规划方法。③研究分布式变速抽水蓄能提升新型电力系统运行特性的效益量化方法。

3. 面向电力系统多时间尺度调节需求的电—热—氢储能互补应用

考虑电—热—氢储能响应速度和能量密度具有互补特性，攻关电—热—氢储能三者互补匹配研究，开展以下研究：①综合考虑运行特性、储能密度、储能周期、寿命衰减等，研究电—热—氢多形式储能在电力系统中的多时间尺度互补特性。②构建电—热—氢多形式储能与电力系统多时间尺度需求的匹配评估指标体系和评估模型，针对省级电网灵活调节需求的特点，提出面向系统调节需求的储能互补匹配典型模式。③面向“潮汐式”（白天电力送出，晚上电力受入）地市电网调节需求，研究多形式储能与可再生能源、常规电源的协同运行技术。

（三）推进氢储能等多元储能技术研究与深化应用

上述研究重点推进氢储能等多种形式储能技术研究与深化应用，拟取得的效果效益如下：

（1）提出分布式变速抽水蓄能协调控制策略及其与电网协调规划方法，提出分布式变速抽水蓄能提升新型电力系统运行特性的效益评估方法，支撑分布式变速抽水蓄能工程示范。

（2）提出海上风电联合制氢储能协同控制策略，提升大规模海上风电并网友好性，提出海上风电联合制氢储能参与电网辅助服务的运行模式。

（3）解决电—热—氢储能互补特性如何、采用何种互补匹配模式、多形式储能与电源如何协同运行等关键问题，为多元储能互补示范奠定基础。

四、新型电力系统下储能市场机制与商业应用

（一）储能市场机制不完善是制约其规模化应用的重要因素

随着电力市场化改革的推进，未来储能的运营和发展将主要在市场化的大背景下实现。建立完善的市场机制并将储能纳入其中，对激励储能发展具有重要意义。《关于加快推动新型储能发展的指导意见》要求："明确新型储能独立市场主体地位；加快推动储能进入并允许同时参与各类电力市场；健全新型储能价格机制等。"但储能作为独立市场主体，目前仍旧缺乏参与中长期市场、现货市场和容量市场的有效途径。储能参与调频市场也面临着"按效果付费"与辅助服务成本合理分摊之间的矛盾，其技术优势和市场价值无法充分体现，影响储能项目成本回收和投资收益。储能的身份定位不明确，价格体系和市场机制不完善是主要原因。

（1）储能兼具负荷与发电企业两重特性，在电力系统中广泛应用的时间较短，储能在电力系统中的身份究竟是归属于发电领域、电网领域、用电领域，或是以"非发电单元"的第四种身份置身，还没有定论。在已经固化的发、输、用电价体系和有待完善的市场化交易机制中，对于源、网、荷不断融合交汇的领域，支撑新技术、新业态发展的价值回报空间还没有明确的边界划分。不同的身份所适用的政策和规则不同，将会影响储能的预期成本和收益。

（2）储能价格体系主要包括充电价格、放电价格、辅助服务补偿以及与储能相关的补贴政策等，目前这些价格并未针对规模化电化学储能进行专门设计，电化学储能难以获得稳定的收入来源以实现成本回收。如诸多省份调峰调频市场的补偿规则主要是考虑火电等惯性机组的运行特点、机会成本等因素设计的，调频补偿费用受到约束等相应的成本支付也未能通过市场向实际受益方传导，大部分地区辅助服务费用由发电企业分摊，可认为是发电企业之间的"零和博弈"，储能直接套用现有规则可能出现收益与成本不对等的问题。因此，亟须完善储能电价机制设计。

（3）储能电站的重要功能之一是对电量进行时空上的转移。目前诸多省份

调频市场主要面向二次调频，市场框架、调用规则大多是围绕火电、水电等惯性机组的运行特点设计的，调频指令多为分钟级，可实现毫秒级响应的储能设备、电站按现行规则参与调频市场存在“大材小用”的情况，无法深度挖掘储能快速响应的潜力，市场价值未能充分发挥。

（二）储能市场机制与商业应用研究技术路径

面向新型储能市场化发展趋势，围绕新型电力系统下储能市场机制与商业应用，提出在现货市场及辅助服务市场机制、电网侧储能价格机制、共享储能商业模式等方面开展研究。

1．集中式储能参与电力现货市场及辅助服务市场的交易机制

针对现阶段储能主体参与市场仍然面临定位不清晰、机制不完善、技术不完备等问题，研究集中式储能参与电力现货市场及辅助服务市场的交易机制。①研究储能参与电能现货市场与辅助服务市场的准入条件、交易品种、市场参与方式、定价方式、收益评估方法，确定相关交易、调度、结算细则。②研究并建立含集中式储能等多元主体参与的省级电能与辅助服务优化出清模型。③研究储能参与调峰、调频和紧急功率支撑等电力辅助服务的成本和价值评价方法，推进因地制宜完善“按效果付费”的电力辅助服务补偿机制。

2．电网侧储能价格疏导机制及综合供电成本评估

针对新型电力系统下新型储能的配置需求和定价缺乏科学依据等问题，开展以下研究：①对新型储能价值的价格形成机制和考虑储能的系统经济性评估进行研究，提出面向新型电力系统的省级电力系统新型储能容量需求分析方法，从“量”上提出规模需求。②提出独立新型储能电站效用量化评估和价格形成方法，研究电网侧独立储能电站容量电价机制，探索将电网替代性储能设施成本收益纳入输配电价回收，从“价”上解决政策机制问题。③提出考虑新型储能全系统综合供电成本分析方法，从“用”上分析储能对用能成本带来的影响，为新型储能的价格政策制定和市场机制制定提供方法支撑。

3．基于区块链的共享储能市场化交易模式与商业运营

共享储能是指储能资源不专属于某一新能源站或电网提供单一服务，而是以电网为纽带将独立分散的电网侧、电源侧、用户侧储能资源整合，共同为某一区域范围内的新能源电站和电网提供电力辅助服务，通过共享让储能发挥促进新能源并网消纳、支撑电网调峰调频等多重功能效用，从而提升储能的利用

率、实现储能经济效益最大化。

探究区块链技术和共享储能运营应用的契合点，针对共享储能运营场景特点的区块链技术应用关键问题，开展以下研究：①研究不同应用场景下共享储能商业运营模式，研究共享储能的市场化交易模式，研究共享储能商业运营与交易模式的评价方法。②研究基于区块链技术的储能与电网互动化数据共享网络体系，研究基于区块链技术的数字资产安全接入技术。③研究分布式储能信息物理融合的数据安全及隐私保护，开发基于区块链技术的共享储能商业运营平台，基于区块链的共享储能示意如图3-34所示。

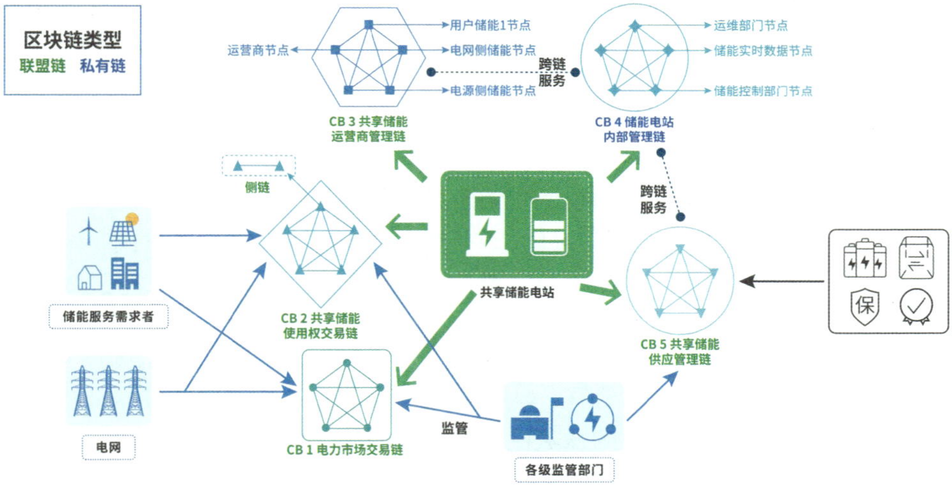

图3-34 基于区块链的共享储能示意

（三）打造具有良好推广应用价值的储能商业模式和市场机制

上述研究致力于打造具有良好推广应用价值的储能商业运营模式和市场体制机制，解决目前储能项目盈利模式单一、缺乏稳定收益机制、储能应用价值难以评估、收益多样性尚未充分实现等关键问题。

（1）明确储能参与现货市场、辅助服务市场的准入条件、交易品种、参与方式、定价方式、收益评估方法，完善“按效果付费”的辅助服务补偿机制。

（2）推动建立电网侧独立储能电站容量电价机制，为电网替代性储能设施成本收益纳入输配电价回收提供参考依据。

（3）提出共享储能商业运营与交易模式，部署应用基于区块链的共享储能市场运营平台，实现共享储能、云储能等创新商业模式的应用示范。

第五节 综合技术新赋能

未来十年，由可再生能源引发的日内新增功率波动将超过5亿kW，电力供需在空间和时间上的平衡难度将大幅增加，对电力系统灵活调节能力提出了更高要求。面对新能源发展形势，需大力发展和应用综合性技术[1]，赋能新能源大范围消纳和高效利用，促进源网荷储协同互动，支撑清洁、高效、安全、经济等能源发展目标，实现综合技术新赋能。本节选取人工智能技术、防灾减灾技术以及电力市场技术等三大典型技术阐述综合技术赋能电力系统转型发展。

1. 人工智能赋能电力系统提质增效

人工智能是新一轮科技革命和产业革命的核心驱动力。智能化技术是构建新型电力系统的重要基础支撑技术。构建新型电力系统，需要将智能化技术与能源技术深度融合，实现智能友好互动，提升电网可观、可测、可调、可控能力。呈现以下主要特点：

（1）源网荷储海量对象广泛接入、密集交互，采集控制对象环节多、范围广、规模大，所积累的数据类型丰富、体量倍增。

（2）高比例新能源带来的强随机性和弱可控性，导致电网未来运行状态的可预见性降低，系统优化控制更趋复杂。

（3）新型电力系统新增业务逐步向配电侧和用户侧延伸下沉，业务量快速增长与人力资源不匹配之间矛盾凸显，亟须利用智能化提高工作效率。

电力行业已明确人工智能技术在数字化转型中的重要地位，建立了人工智能基础支撑能力体系，聚焦图像识别、智能语音、视频分析、知识图谱等典型技术，在电网智能运检、运行控制、企业管理和用电服务等重点业务领域开展了人工智能应用场景试点建设。随着新型电力系统数字化转型的深入推进，需要进一步加快人工智能技术与业务应用深度融合，重点解决以下主要问题：

（1）现有海量数据表现出大维度、小样本、非结构化的数据特性，正常运

---

[1] 综合性技术：本书中提及的综合技术即为涵盖多个能源传输环节的综合型技术，具有通用性、广泛性和辅助性等特点，非源网荷储各环节中的单一技术。

行数据多、缺陷故障数据少，有效训练样本有限，图像识别等人工智能模型精度和准确度难以满足业务应用需要。

（2）多形态电网并存、耦合关系复杂、源荷不确定性强导致系统优化控制难度增大，需要增强面对多主体博弈协同等海量随机场景下的智能优化决策能力。

（3）输变电、配电站房等边端智能场景应用还处于分散研究、试点应用阶段，边缘智能化水平不足，尚未形成成熟的云边智能协同体系。

2. 防灾减灾夯实电力系统运行安全

近年来，我国频繁发生暴雨、高温、干旱、台风、沙尘暴、寒潮、霜冻、大风、冰雹等极端天气事件，并呈现出阶段性强、季节性强、区域差异大等特点，电网防灾减灾能力建设需求突出。由于能源格局的深刻调整，新型电力系统对防灾减灾能力的要求进一步提高，新型电力系统防灾减灾面临的形势存在以下特点：

（1）新能源并网比例和容量提升导致电力系统对气象灾害的敏感度提高，极端天气下电力系统的调度运行和安全稳定面临更大的风险。

（2）极端自然灾害增多，电力系统应急处置和快速复电的能力面临更大考验。

（3）新能源场站所处地理位置和送电走廊的电力设备运行环境恶劣，开展防灾减灾新材料、新设备、新技术研究的需求更加迫切。

为保障新型电力系统在极端环境下的安全稳定运行，应围绕灾前电网韧性提升、灾害监测预警、灾后快速复电、防灾新材料/新产品等方面开展技术研究，主要面临以下问题：

（1）极端灾害情况下，新能源发电功率波动性加剧，精准预测技术尚未成熟，应对灾害的调度运行能力仍有待提升。

（2）大多数针对灾害引发的电网运行风险监测预警研究较为分散，偏向于特定灾种的研究较多，电力系统各环节监测预警能力不足，更多为公共气象的预警，缺乏高分辨率数值天气预报能力和设备风险的研判能力。

（3）在多种极端天气叠加的复杂防灾减灾形势下，综合防治技术研究还不系统，无法有效支撑电网应急处置与快速复电。

（4）防灾新材料、新技术研究和应用深度不足，尚不具备大规模推广应用条件，对电力系统防灾减灾能力提升作用有限。

3. 电力市场促进电力系统经济增效

电力市场改革的不断深化和新能源占比的逐渐提高，可有效激励市场主体灵活参与电力市场，提高全社会清洁能源消纳能力和积极性。

我国电力市场正在有序推进和建设中，逐渐显露一些问题：

（1）绿电交易和绿证交易等均有促进可再生能源消纳的功能，绿电交易中明确了“证电合一”的模式，有助于解决绿电交易和绿证交易之间的重复计算问题，但是，目前绿电交易还处于试点阶段，尚未完全展开，绿电交易和绿证交易的环境价值未完全显现，绿电交易和绿证交易的机制体系亟须优化和完善。

（2）国外的市场安全约束机组组合和经济调度技术与我国电力市场建设实际需求有比较明显的差别，因此需要完善、改进和探索新的求解方法。

（3）国内对合理的机组容量市场机制还有待进一步探索以促进系统电力电量平衡和电网安全运行。

（4）第三方市场主体未形成规模化、快速、持续发展，需进一步推动和支持。

（5）电力市场各板块相对独立，无法提前研判电力市场运行中的风险因素，亟须开展相应的电力市场运营联合推演平台，为电力市场机制设计、优化和验证提供决策支持。

随着新型互动资源以及智能互动技术的发展，源网荷储协同互动在新型电力系统中的作用将愈发重要，也对系统提出了更高效、更安全、更经济的要求，新型电力系统综合技术研究框架如图3-35所示。

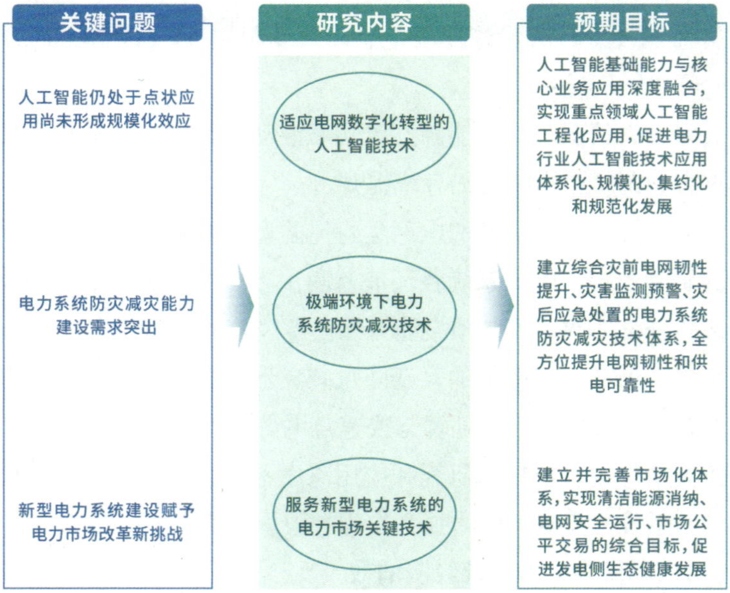

图3-35　新型电力系统综合技术研究框架

一、适应电网数字化转型的人工智能技术

（一）人工智能仍处于点状应用尚未形成规模化效应

人工智能已成为建设新型电力系统的新技术引擎，电力行业已初步建成人工智能平台，构建“平台+应用”体系，打造了人工智能综合样板间、输电线路智能巡检、智慧变电站等一批人工智能精品应用。但目前人工智能应用仍处于试点探索阶段，需要推动人工智能基础能力与核心业务应用深度融合，实现重点领域人工智能工程化应用，由分散应用、局部示范向规模应用、系统布局转变，推动电力行业人工智能技术应用体系化、规模化、集约化和规范化发展。

（1）基础能力方面，人工智能技术应用主要集中在以图像识别为主的机器视觉领域，语音识别、知识图谱等技术应用还很有限。模型精度不高，算法模型性能评价标准化水平不足，制约复杂场景下的规范化、实用化应用。

（2）应用场景方面，以输变电、安监专业为主，需进一步向源网荷储全环节、全专业场景横向扩展，打造人工智能多技术融合、全流程融通、业务全生命周期的规模化场景应用态势。

（3）体系架构方面，尚未形成与边端智能设备发展相匹配的云边智能协同体系，人工智能平台开放和应用规模化、标准化服务能力还需进一步提升。

（二）人工智能典型技术路径

1．多场景人工智能图像识别技术

研究多样本数据增强技术和对抗样本生成技术，建设虚实结合的样本制造中心，弥补有效样本不足问题，有效提升样本质量；构建人工智能模型评价和检测能力，以标准化推动模型精度提升。贯通人工智能平台与输电、变电、配电、安监等业务系统，实现与物联管理平台、统一视频平台联动，优化提升输电线路通道、智能变电站、智能配电站房、储能电站、分布式光伏等源网荷储典型场景图像识别模型精度，研究架空输电线路通道漂浮物隐患识别和树种识别技术，实现漂浮物、树种等快速划分；开展杆塔金具锈蚀智能识别，建立金具锈蚀等级智能识别模型；研发表计识别、可见光和红外巡检图像识别模型。推广无人机等边端智能化应用，采用无人机全自主覆盖区域巡视的方式，开展电网台风洪涝灾后现场灾损识别，实现杆塔断裂、杆塔倒塌等灾损识别和统计，实现受灾区域配电网线路情况的快速勘察，如图3-36与图3-37所示。

图3-36 电网线路灾损智能识别作业

图3-37 无人机等边缘智能终端配合开展灾损区域勘察救灾作业

2. 基于多源数据驱动的设备状态分析技术

基于温度、湿度、盐雾、酸碱度、日照和氧化作用等多类型智能感知数据，关联设备材料特性，结合设备的放电、电磁场等电气因素，受力、形变等机械因素，发热导致的氧化、融化等因素，开展从零部件到整个设备的有限元机理分析。应用机器学习、卷积神经网络、知识图谱、声纹识别等人工智能技术，挖掘设备运行数据规律，建立数据驱动与知识经验相结合的设备状态分析模型，为设备的全生命周期管理和主动运维提供辅助决策。

3．面向稀疏测量的多源配电网状态推演和优化决策

研究稀疏测量下的多源配电网能源消纳，通过采集风速、光照、用户等核心数据，基于稀疏测量原则，采用较少的数据，开展反映电网负荷、出力的数据模型构建关键技术研究。建立微电网层级数字孪生电网，结合强化学习、图数据结构神经网络等前沿人工智能技术，实现分布式新能源功率预测、台区微网负荷预测。针对分布式能源随机波动、多主体协同等特征，通过多智能体深度强化学习、联邦学习等群体智能技术，以较低的成本实现配微网的多源协同优化运行。

4．增强边缘智能与云边协同技术

应用云侧统一技术供给、边侧按需分布算力、端侧轻量模型部署的技术路线，通过人工智能平台系统化运营，实现云端人工智能模型远程下发及集约管控。开展轻量化小模型边端侧应用落地研究，基于高性能、低功耗人工智能边缘计算芯片，分析各种网络框架特性及转化方式，探索模型在不同硬件架构下的复用模式，提升边缘智能水平。开展人工智能模型压缩算法设计，分析模型、样本的共性和差异，确保压缩后的模型精度。研究具有高并行性能的网络压缩裁剪技术，融合参数裁剪、参数共享等主流的压缩与加速神经网络方法，实现大体量模型的迭代压缩，满足边缘算力需求。云边智能协同技术路线示意图如图3-38所示。

（三）人工智能赋能电网质效提升

聚焦人工智能图像识别、数据分析及智能预测、边缘智能与云边协同等人工智能关键技术，旨在实现电网智能巡检及故障主动预测，掌握多源数据驱动的微电网级和设备级的分析和预测能力，实现设备健康状态智能诊断。通过对分布式新能源功率、台区微网负荷进行有效预测，实现稀疏测量原则下电网运行状态推演分析。通过模型压缩和轻量化裁剪，实现边端模型云端批量下发，提升边端智能化和云边协同水平。

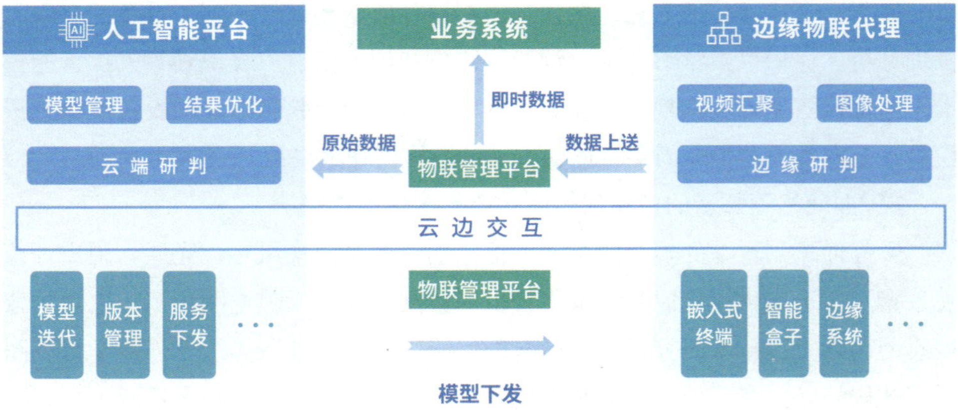

图3-38 云边智能协同技术路线示意图

二、极端环境下电力系统防灾减灾技术

（一）电力系统防灾减灾能力建设需求突出

近年来，全球范围内极端气象灾害有增多增强的趋势，以台风、雷电、暴雨为代表的自然灾害对线路、杆塔等输电设备造成了不可避免的影响，威胁电网安全稳定运行。电网运行面临的环境挑战常常是污秽、覆冰、山火、台风、雷暴、地震、滑坡、泥石流、强降雨等极端自然环境的复合叠加，经常呈现出短时间内多种灾害同时发生的情况，对电网防灾减灾能力的高要求将持续存在。台风、强降雨、山火灾害对电网安全运行的影响如图3-39所示。

图3-39 台风、强降雨、山火灾害对电网安全运行的影响

随着新能源装机容量和占比的不断提升，新型电力系统中电能的生产和调度与天气气候状况的耦合度越来越高。尤其在极端天气影响下，新能源出力的波动性加剧，电力系统对气象灾害的敏感度提升，导致电力系统的安全稳定运行面临更大的考验，大量新能源的接入对极端环境下的电网防灾减灾能力提出了更高的要求。

（二）极端环境下电力系统防灾减灾典型技术路径

1．应对极端事件的电网韧性提升技术

开展极端灾害下新能源功率精准预测技术研究，深入探究台风、寒潮、覆冰等灾害对大规模风电场、区域分布式光伏的影响机理，对灾害影响下大规模风电场、区域分布式光伏功率损失进行预测推演，研究计及极端灾害影响的新能源多时间尺度功率精准预测技术。

根据极端事件对电力系统的影响范围与作用方式，开展极端环境下的电网安全风险仿真技术研究。搭建极端事件的环境模拟条件，准确识别电力系统应对极端事件的最大风险和薄弱环节，采取针对性措施提升电网韧性。

开展极端环境下的电力系统规划与运行技术研究，应用数据挖掘、机器学习、人工智能等新技术在风险分析、薄弱环节辨识以及应急响应决策等环节中提升评估和决策的效率和准确性，构建极端事件下基于各类弹性资源的更加完善的市场机制。

2．面向多重耦合灾害的电网运行风险监测预警技术

为应对自然灾害引发的电网运行风险，重点突破风雨汛混合灾害的风险监测和预警技术。通过将高精度地形数据、地表数据、气象数据（风、雨等）和水情数据进行融合研究，为城区电网和山区电网防涝防汛提供技术支撑。结合新型电力系统的精准气象预报需求，研究建立电力气象监测网和小尺度电力气象数据预报模式，开展不同灾种（台风、雷电、山火、覆冰和盐雾等）的差异气象监测和预警模式，并结合新型电力系统的电网设计条件、地理环境、材料选用、防护措施和新能源电源点的类型和分布等差异，开展基于设备风险和电网稳定性风险的预警技术体系研究，将气象预警转变为电网设备风险预警。

3．极端环境下电网的应急处置和快速复电技术

应用遥感卫星、通信卫星、无人机和在线监测等高精尖设备开展针对大电网的应急处置，同时应用大数据、人工智能等技术推进智能化灾前应急。包

括开展灾情勘察研究，并在灾损勘察中深入应用大数据、人工智能、图像识别等技术，构建“天—空—地”的灾情勘察模式、无人机编队快速灾情勘察模式等。建立新型电力系统下的电网灾害风险最小化应急处置模型，完善灾害应急指挥管理系统，开展极端灾害下的最优应急处置策略研究。同时加强差异化应急复电策略、新能源设施快速抢修恢复和电网杆塔应急加固技术研究等，深化极端灾害下的抢修及应急复电技术。同时，在应急复电上，要充分利用分布式电源，包括光伏、电动汽车等新的能源形式，开展多源头快速复电技术研究。

4．结合新材料与设备主动防护的电力系统防灾新技术

在电网侧，深化以防污、防腐纳米涂料为代表的新材料在电网设备防护中的应用，深入开展防污、防风新技术开发和防雷复合杆塔新产品应用研究。在电源侧，推动风电机组雷击防护能力检测技术研究和应用，开展沿海高盐雾、高湿度环境下的新能源发电设备腐蚀程度检测，多方位布局防灾性能检测和评估技术研究。

（三）防灾减灾技术提升电力系统应对重大灾变能力与水平

通过极端环境下的灾害监测预警、应急处置、快速复电、主动防护等技术研究，完善台风、山火、覆冰、雷电等监测预警系统建设，建立多灾害综合预警平台，并研制应急复电和设施快速修复装备、制订各类设施的快抢快建策略，形成山区和沿海岛屿两个多灾害监测预警示范区，为新型电力系统的运行提供高时空分辨率的气象预报数据，实现台风等多灾害下电网薄弱环节和风险区域的主动研判、电网灾损状况的快速研判、气象要素和电网灾损关联的深度研判、各类灾害的监测预警分析、应急响应与快速恢复等，提升能源转型下电网应对重大灾变的恢复能力，建设稳定、可靠、安全的新型电力系统。

三、服务新型电力系统的电力市场关键技术

（一）新型电力系统建设赋予电力市场改革新挑战

新型电力系统以促进新能源发展为突破口，赋予了电力体制改革新的任务和挑战。为保障新能源占比逐渐提高的新型电力系统发展，亟须探索电力市场关键技术和交易机制，激励各类不同定位的市场主体灵活参与电力市场，提高

全社会清洁能源消纳能力和积极性，构建新能源占比逐渐提高的统一、绿色的新型电力市场体系。我国电力市场架构和电价体系示意图如图3-40所示。

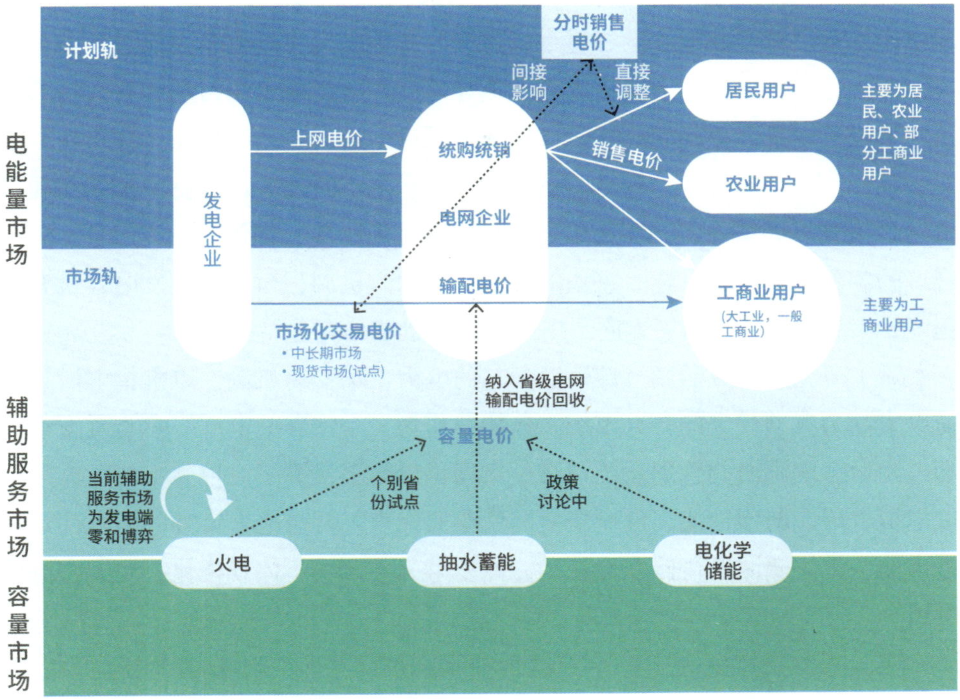

图3-40 我国电力市场架构和电价体系示意图

（1）研究促进电力市场与碳市场深度融合的衔接机制。绿电交易和绿证交易是使用绿色电力的证明，未来大规模交易将是大势所趋，但目前绿证交易市场交易率极低，绿电交易和绿证交易的环境价值还未完全凸显，国内绿证缺乏国际竞争力，需要根据我国能源领域的实际情况逐步推行，绿电交易和绿证交易的机制体系亟须优化和完善。

（2）研究日前市场安全约束机组组合和经济调度技术。国外主要电力市场如宾州—新泽西州—马里兰州联合运营系统（Pennsylvania-New Jersey-Maryland，PJM）、纽约、得州等已在短期发电计划优化领域广泛应用了安全约束机组组合和安全约束经济调度技术，能够在日前和实时市场中充分考虑各种电网安全约束，形成了一整套完整的优化调度体系，但这些成果与我国电力市场建设实际需求有比较明显的差别。当系统的规模较大时从理论上求得精确的最优解相当困难。因此，如何完善、改进和探索新的求解方法，对电力系统的经济运行和最优化理论的发展都具有重要的意义。

（3）研究可持续的容量市场机制。电力系统内发电容量的充裕程度是提升电网稳定性，调整电网发电结构的重要因素。英国、美国PJM和美国加州等的成熟市场都已建立起配套的容量市场机制。我国电力市场改革建设过程中需解决如何保证优质火电企业合理收入、疏导落后煤电产能退出市场和有效指引机组未来投资三个方面问题。同时，在新能源逐渐成为新增容量主体并将在未来成为存量主体的趋势下，针对容量结构的要求也不断提升，现有中长期和现货市场政策难以提供稳定的容量成本回收渠道，无法传递有效的投资信号。研究合理的容量市场机制，建立完备的容量成本回收机制，对于调节发电容量充裕程度，引导电源结构发展走向，提升电网稳定性具有重要意义。

（4）研究支持灵活调节性资源参与的电力市场交易机制。以虚拟电厂、负荷聚集商为典型代表的新兴市场主体能够作为一个特殊“电厂”参与电力市场和电网运行电源协调管理系统。通过市场化机制激发第三方独立市场主体（指以虚拟电厂、新型储能、负荷聚集商为典型代表）参与电力市场的积极性，促进市场中供需侧源网荷储多元互动，推动第三方市场主体规模化、快速、持续发展。

（5）研发支撑电力市场平稳运行的联合推演平台。随着国内新能源发电比例不断上升、新能源市场化进程的不断推进，新型电力系统下的电力市场建设没有成熟的市场模式可供参考，电网网架、电源结构、市场主体行为、交易规则、气象环境等因素交互作用，电能量市场、辅助服务市场、绿电市场及碳市场相对独立，无法提前研判电力市场运行中的风险因素，亟须开展相应的电力市场运营联合推演平台，为电力市场机制设计、优化和验证提供决策支持。

（二）新型电力系统的电力市场典型技术路径

1．碳—电—证市场衔接关键技术

系统梳理碳市场、绿证市场以及绿电市场的衔接关系，研究电力市场、绿色证书市场以及碳市场的交互影响和协同机制。在此基础上，根据电力市场规则、碳排放权核发与配额的市场机制，探索建立联合市场的可能性。

2．计及电力市场环境的机组组合策略

研究电力市场环境的机组运行成本、空载成本、启停成本评估。基于概率

统计方法，深入分析新能源出力波动性、间歇性特征，客观评估新能源功率预测偏差。基于电网安全运行和市场主体报价信息，科学确定各类型机组的启停状态和出力计划。

3. 新型容量市场设计与调控机制

统筹考虑电能量市场、容量市场和辅助服务市场，以及碳市场、绿证机制等交互作用。充分考虑存量电源成本差异、增量电源结构调整需要等因素，研究兼容多政策目标调控需要的新型容量市场机制方案，探索计及灵活性资源改造及新增投资的容量保障机制，保障火电企业投资成本回收，构建适应全国统一电力市场和新型电力系统要求的容量机制，促进发电侧生态健康发展。市场化交易与调度运行高效衔接如图3-41所示。

图3-41 市场化交易与调度运行高效衔接

4. 新兴市场主体市场交易及运行机制

研究省内第三方独立市场主体（指以虚拟电厂、负荷聚集商为典型代表）的构成与分类分析；研究调峰、调频、备用等辅助服务市场及需求响应机制对第三方独立市场主体的影响；研究第三方独立市场主体参与电力市场的交易机制和调度运行管理机制，充分挖掘负荷侧资源促进可再生能源消纳的潜力，推动第三方独立市场主体规模化、快速、持续发展。我国电力市场协同运行机制架构图如图3-42所示。

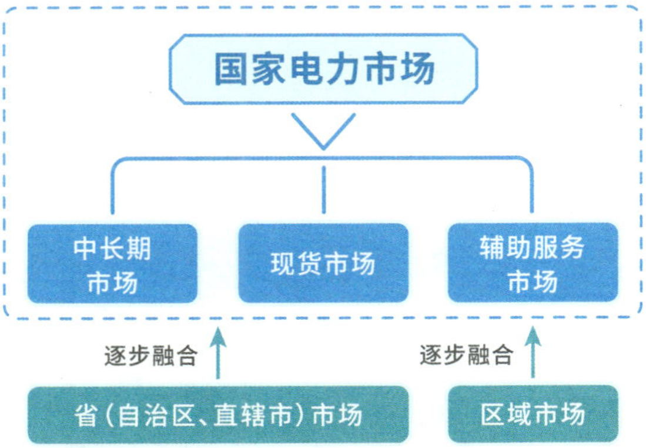

图3-42 我国电力市场协同运行机制架构图

5. 电力市场全场景模拟推演平台研发

突破混合整数规划模型求解的底层关键技术，打通电能量市场、辅助服务市场、碳市场、绿电市场的数据通道，研发具有完全自主知识产权的电力市场联合模拟推演系统；研究基于人工智能技术的全场景电力市场模拟推演平台，模拟市场主体行为、气象条件、市场规则变化等仿真场景，分析不同因素作用下市场参与者的行为策略，为应对电力市场改革、市场规则调整设计提供验证分析的技术手段。电力市场全场景运行模拟示意图如图3-43所示。

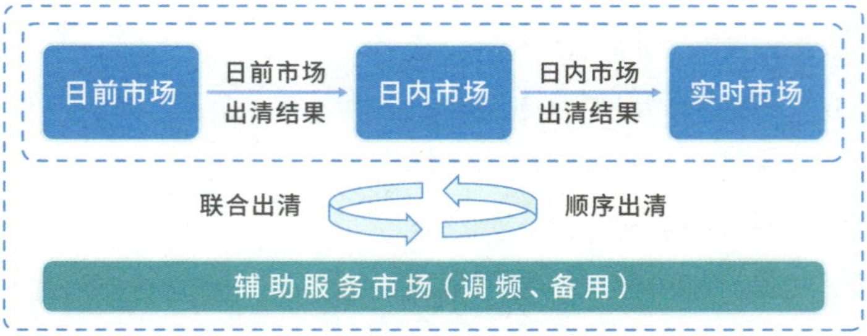

图3-43 电力市场全场景运行模拟示意图

（三）新型电力市场技术研究促进市场机制更加健康、灵活、可持续

在各地陆续投产大量核电、风电、储能等电源后，逐步建立并完善市场化体系。开展新型电力市场技术研究，不断促进新能源消纳、保障常规电源发电能力，推动第三方独立市场主体规模化、快速、持续发展。发挥现货市场发现价格的功能，让市场主体通过市场机制实现公平竞争。实现清洁能源消纳、电网安全运行、市场公平交易的综合目标，促进我国新型电力系统各层级电力市场健康、灵活、可持续发展。

第四章

省级新型电力系统建设技术路径

2021年7月13日，国家电网有限公司将青海、浙江、福建列为新型电力系统省级示范区，充分考虑不同地区资源禀赋、网架基础等典型代表性，力图为全国提供一批有特色、可复制的示范区样板。其中，青海是清洁大送端，浙江是大受端电网，福建是供需相对平衡系统。

自2021年以来，以福建、青海、浙江三家省级示范区为代表示范，多家网省公司都相继开展了省级新型电力系统建设路径的积极探索。本章通过梳理多个省级新型电力系统发布的建设方案，结合福建省开展新型电力系统省级示范的实践经验，分析重点目标任务，总结提出具有普适性的技术路径共性分析框架，提炼适应不同应用领域、不同省域特征、不同发展阶段的典型技术路线和重点示范场景。受限于信息掌握程度、认识理解深度等因素，本章相关观点仅供参考，试图为其他省份开展新型电力系统建设提供有价值的技术路径设计思路借鉴。

第一节 路径分析框架

省级示范区新型电力系统建设技术路径的确定，应结合国内外技术发展客观规律，通过对省级现状和未来一段时间实际需求的系统研究，明确省级目标定位、战略任务、发展重点及其相互关系，明确服务不同层级目标、适用不同应用场景的技术发展优先次序、实现时间和发展路径。各省在资源禀赋、资源时空分布特征、网架结构、基础条件等方面各有不同，省级新型电力系统的功能定位也存在侧重差异，建设过程中面临的主要问题也不尽相同。虽然各个省级新型电力系统建设方案在具体建设重点方向上存在不同程度的差异，但总体的分析思路框架是高度一致的，具有一定的普适性。本节通过总结概述省级新型电力系统建设技术路径分析框架，以期为后续各层级区域新型电力系统落地实践提供必要的思路参考。

一、总体分析框架

省级新型电力系统技术路径的总体分析框架可概括归纳为“明确目标任务—分析基础条件—提出典型问题—绘制技术蓝图—实施推进策略”五大步骤，省级新型电力系统技术路径的总体分析框架如图4-1所示。作为省级示范区，面对新型电力系统的建设需求，应深入分析本省的基础条件，结合新型电力系统总体演变特征，针对急需解决的典型突出问题，因地制宜设计制订具备特色、符合实际需求的技术路径。

图4-1 省级新型电力系统技术路径的总体分析框架

（一）明确目标任务

通过深入解读电网企业在新型电力系统建设中的角色作用和承担的责任使命，分析新型电力系统典型特征给电网企业带来的全方位影响和趋势变化，充分研判把握省情、企情和网情，确定省级新型电力系统建设需要达成的核心任务目标。其中，既有体现电网企业使命担当的根本目标和基础任务，也有体现省情网情定位的特色目标任务。

（二）分析基础条件

面对省级新型电力系统建设目标，首先从电网规划层面，综合分析本省地理区位、资源禀赋、电源结构、网架形态、本省经济社会发展和能源消费需求等因素，推导出建设过程中源网荷储各环节的演变路径，进一步明确本省新型电力系统功能定位，进而细化分域分类的建设方向与重点任务。其次是在技术层面，深入分析本省政策导向、技术优势和技术产业配套情况，如是否有相关技术储备和配套产业支撑力量、是否具备首台套示范和先行先试的市场资源条件等，以便能优选具备省域特色优势场景的重点任务技术解决方案和技术路径。

（三）提出典型问题

综合上述目标任务和基础条件，明确现状水平、优势资源和发展趋势，即可分析提炼出亟须解决的重大战略问题，并细化分解出相关各环节、各专业、各方向在落地实施过程中会面临的具体细分技术问题和业务问题。

（四）绘制技术蓝图

以问题导向＋目标导向，制订详细的技术路径和配套行动计划，破解前述新型电力系统建设过程中需要解决的一系列问题。技术蓝图内容包括可应用落地的关键技术、技术示范工程、亟待攻关的技术难点、科研项目及技术标准的规划布局等。

技术路径可依据服务的目标任务类型、适用的区域特点、发展时间阶段等多种分类维度，通过具体的关键技术聚类，开展分层、分级、分类选取和路径设计。为便于理解，本节设计了技术路径分类矩阵进行论述，如图4-2所示。顶层维度上，依据服务目标任务不同，将技术路径分为基础型、特色型和前瞻型三种类型。空间维度上，依据适用区域特点不同，归纳为清洁能源送端、负荷中心受端和供需相对平衡等三种典型类型，如图4-3所示。虽然无法覆盖全部区域特征，但具有一定的区域特征代表性，从区域大电网、省级到地市级等不同层级地区可根据自身主要特征开展技术选型。时间维度上，划分为转型期、形成期和成熟期三大阶段，每类技术路径可根据相关关键技术在时间轴上的发展阶段不同，结合技术成熟度和新型电力系统发展阶段，明确其在转型期、形成期和成熟期等不同阶段的攻关研发、试点应用和普遍推广等具体技术任务。

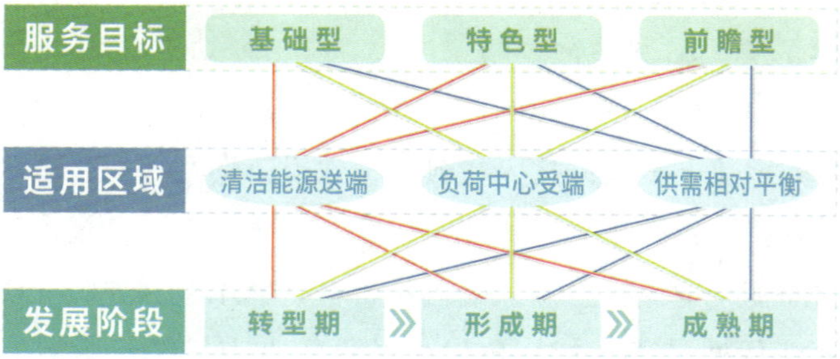

图4-2　技术路径分类矩阵图

图4-3 国家电网有限公司确立的三个新型电力系统省级示范区

根据本书第三章提出的五大领域关键技术研究框架，表4-1梳理给出技术路径聚类选项。

表4-1 关键技术路径聚类选项表

技术领域	关键技术	技术路径类型			适用重点区域		
		基础型	特色型	前瞻型	清洁能源送端	负荷中心受端	供需相对平衡
能源供给技术	新能源涉网特性测试与评价技术	√			√		√
	新能源主动支撑型控制技术		√		√		√
	多类型电源灵活性能力建设运行技术	√	√		√	√	√
	多能互补与协同运行技术	√	√		√	√	√
电网结构技术	大电网稳定运行分析与控制技术	√	√		√	√	√
	规模化新能源消纳提升技术		√	√	√		√
	分布式电源高渗透接入的配电网协调控制技术		√			√	√
	分布式电源高渗透接入的多场景智能配微网技术		√			√	√
	配电网跨专业资源协同及数据共享技术	√	√		√	√	√

续表

技术领域	关键技术	技术路径类型			适用重点区域		
		基础型	特色型	前瞻型	清洁能源送端	负荷中心受端	供需相对平衡
多元负荷技术	电力市场环境下新型电力电量预测技术		√	√	√	√	√
	电能替代及能效提升关键技术	√			√	√	√
	需求侧资源多元互动及高效利用关键技术		√			√	√
	“电—碳”市场综合能源服务关键技术		√	√	√	√	√
储能应用技术	集中式大容量储能系统集成与控制保护技术		√		√		√
	分布式储能集群聚合与智慧调控技术		√	√		√	√
	氢储能等多种形式储能技术		√	√	√	√	√
	储能市场机制与商业应用		√		√	√	√
综合技术	适应电网数字化转型的人工智能技术	√	√	√	√	√	√
	极端环境下电力系统防灾减灾技术	√	√			√	√
	电力市场关键技术	√	√		√	√	√

（五）实施推进策略

从技术攻关、技术验证、技术标准规范制定、技术应用工程示范、技术成果孵化转化、评价反馈改进等六个环节，实现技术全链条闭环管理，遵循攻关研发一批、试点验证一批、推广应用一批的思路，按照拟定的技术路径全面实施推进。技术攻关方面，依据技术蓝图指引，明确需要攻关的重大技术方向；技术验证方面，重点在并网性能测试、装备功能检测、数字产品验证、工程调试试验等方面，做好新技术、新装备、新工程的技术性能测试验证和选型比对；技术标准规范制定方面，研究编写新型电力系统相关技术规范、选型导则、检验标准、验收规定和运维管理办法，形成公司和行业技术标准；示范工程方面，重点做好技术方案论证、关键技术应用、建设落地技术供给、特色亮点打造、验收和技术成效评估；成果孵化转化方面，重点做好新型电力系统相关知识产权布局、技术成果商业化运营和非专利技术成套应用；评价反馈改进等方面，研究制订省级新型电力系统示范项目技术评价指标体系，总结成效经验、分析问题，提出下一步技术改进提升方向，加快推动新型电力系统技术路线图落地实施。

二、技术路径发展阶段分析

建设省级新型电力系统，必须坚持系统思维，遵循电力系统的技术特点和技术成熟度发展客观规律，按照新型电力系统的渐进发展阶段要求，充分利用成熟技术、存量系统并深入挖掘潜力，稳步推进前瞻性技术研发和新技术试点应用，明确分阶段攻关研发、试点验证和普遍推广的技术任务，积极稳妥、循序渐进地推进技术路径实施，实现省级新型电力系统转型发展。综合国内关于新型电力系统发展阶段的普遍研究成果，建议可分为以下三个阶段分步实施。

（一）传统电力系统转型期

该阶段普遍认为是2021—2030年，新能源快速发展，“双高”影响处于“量变”阶段，常规电源仍是电力电量供应主体，新能源作为补充。发用电的实时平衡仍然是主要特征，依靠以抽水蓄能为主体的成熟储能技术基本满足日内平衡需求，电网结构呈现以交直流大电网为主干，有源配电网和微电网快速发展的态势。转型期内，应充分挖掘成熟可用技术和现有资源潜力，加快电源灵活性改造、新能源主动响应、多元新型储能局部应用、虚拟电厂、源网荷储一体化控制技术和数字化技术等新技术推广应用，提升负荷响应能力，同步开展支撑更高比例新能源的颠覆性技术研发。基础资源条件较好的地区可先行开展低碳/零碳示范区建设。

（二）新型电力系统形成期

该阶段普遍认为是2031—2045年，新能源成为装机主体，具备相当程度的主动支撑能力；常规电源功能逐步转向调节与支撑；大规模储能技术取得突破，实现日以上时间尺度的平衡调节。该阶段存量电力系统向新形态转变，交直流互联大电网与局部直流灵活组网等技术成熟，有源配电网、微电网和综合能源网络广泛存在。在形成期，新型储能规模化发展，燃氢电站进入示范应用，电—氢协同、新能源汽车等新型负荷规模化发展，负荷需求响应规模不断扩大，颠覆性技术逐步成熟并具备推广应用条件。低碳/零碳示范区已形成典型经验并向同类型区域推广。

（三）新型电力系统成熟期

该阶段普遍认为是2045—2060年，依托发展成熟的颠覆性技术，完成全新形态的电力系统构建，新能源成为装机、电量、责任的主体，微电网、综合能源网络与大电网和谐共存，发用电基本实现解耦。新型储能、燃氢电站逐步全面应用，负荷深度参与调节，逐步实现源荷互动，电网结构坚强并且高度智能化，柔性直流、数字化技术广泛应用。在成熟期，颠覆性技术高度成熟并获得广泛应用，新型电力系统基本构建完成。关键技术发展阶段示意表见表4-2。

表4-2 关键技术发展阶段示意表

序号	技术领域	关键技术	发展阶段		
			转型期 2021—2030年	形成期 2031—2045年	成熟期 2046—2060年
1	能源供给技术	新能源涉网特性测试与评价技术	试点验证	推广应用	推广应用
2		新能源主动支撑型控制技术	攻关研发 试点验证	推广应用	推广应用
3		多类型电源灵活性能力建设运行技术	攻关研发 试点验证	推广应用	推广应用
4		多能互补与协同运行技术	攻关研发 试点验证	推广应用	推广应用
5	电网结构技术	大电网稳定运行分析与控制技术	试点验证	推广应用	推广应用
6		规模化新能源消纳提升技术	攻关研发 试点验证	试点验证 推广应用	推广应用
7		分布式电源高渗透接入的配电网协调控制技术	攻关研发 试点验证	推广应用	推广应用
8		分布式电源高渗透接入的多场景智能配微网技术	攻关研发 试点验证	推广应用	推广应用
9		配电网跨专业资源协同及数据共享技术	推广应用	推广应用	推广应用

续表

序号	技术领域	关键技术	发展阶段 转型期 2021—2030 年	形成期 2031—2045 年	成熟期 2046—2060 年
10	多元负荷技术	电力市场环境下新型电力电量预测技术	攻关研发 试点验证	推广应用	推广应用
11		电能替代及能效提升关键技术	推广应用	推广应用	推广应用
12		需求侧资源多元互动及高效利用关键技术	试点验证	推广应用	推广应用
13		“电—碳”市场综合能源服务关键技术	攻关研发 试点验证	试点验证 推广应用	推广应用
14	储能应用技术	集中式大容量储能系统集成与控制保护技术	试点验证	推广应用	推广应用
15		分布式储能集群聚合与智慧调控技术	攻关研发	试点验证	推广应用
16		氢储能等多种形式储能技术	试点验证	试点验证	推广应用
17		储能市场机制与商业应用	攻关研发 试点验证	试点验证 推广应用	推广应用
18	综合技术	适应电网数字化转型的人工智能技术	攻关研发 试点验证	试点验证 推广应用	推广应用
19		极端环境下电力系统防灾减灾技术	试点验证	推广应用	推广应用
20		电力市场关键技术	试点验证	推广应用	推广应用

第二节 目标基本任务分析

对省级新型电力系统而言，最重要的任务和目标是推动能源系统高质量转型，实现安全可靠、绿色低碳和经济可行三者协同发展，探索新型电力系统在安全、低碳、经济这三方面的相对最优解。其中，保障能源的安全稳定供应是根本前提，首要任务是要为经济社会发展提供充足的动力；新能源占比逐渐提高是能源绿色低碳转型的大方向，省级新型电力系统必须要应对新能源高比例接入和大规模应用的挑战，服务我国“碳达峰、碳中和”目标的实现。因此省级示范区建设的重点任务，是如何在保证能源安全稳定供应的前提下，尽可能兼顾绿色低碳、安全可靠、经济可行，重点探索通过更加灵活高效的能源资源优化配置平台，支持大规模新能源开发与利用，实现能源的清洁、低碳和绿色转型，保障安全稳定可靠的能源供应。

一、保障电力安全可靠供应

保障电力安全可靠供应是各级电网企业的首要任务。但风、光等新能源发电具有较强的随机性、波动性和间歇性，现有技术条件下新能源提供电量替代、电力支撑不足，新能源发电对极端天气的耐受能力相对脆弱。随着新能源发电占比逐渐提高，电力系统调节能力不足问题日益凸显，新能源小发期间电力供应不足和大发期间消纳问题并存，电力电量平衡面临严峻挑战。统筹好新能源发展与电力安全可靠保供关系，尤其是极端天气条件下如何抵御电力供应不足的风险是省级新型电力系统建设面临的首要任务。

二、保障电网安全稳定运行

由于源网荷储各环节高度电力电子化，新型电力系统转动惯量下降、多时间尺度控制环节交互耦合等特性，使得功角稳定、频率稳定和电压稳定等问题更趋复杂。省级新型电力系统的建设亟须创新突破电力系统基础理论、分析方法和控制技术，准确把握新型电力系统运行特征，满足系统安全运行要求，打造本质安全的新型电网。

三、保障电能供应的经济性

新能源发电年利用小时数低，且大型新能源基地通常远离负荷中心、需要远距离送出，海量分布式新能源接入亟须在配电网侧进行升级改造导致网架成本增加，为保障高比例新能源并网消纳、系统安全与可靠供电，同时需要配套可观的电力系统调峰、容量备用，安全保障等外部成本，新型电力系统建设和运营成本将上升。省级新型电力系统亟须探索利用灵活的市场机制释放源网荷储各环节潜力，推动电源侧降本增效、用户侧节能提效，将整体系统供电成本控制在经济可行的合理范畴内。

第三节 基础型技术路径

基础型技术路径，即重点针对确保能源电力安全可靠供应为基本前提、以满足经济社会发展电力需求为首要目标、以最大化消纳新能源为主要任务的基础性目标任务制订的技术路径，是不同层级、不同区域电力系统都要实现的底线、底板型基本任务，不因资源禀赋、基础条件差异而有所或缺。重点围绕保障电力供应与新能源消纳、保障电网安全稳定运行两大基础性目标任务，针对新能源涉网特性测试与评价、多类型电源灵活性提升、多能互补与协同运行、大电网稳定运行控制、配电网跨专业资源业务协同及数据互操作、电能替代及能效提升、电网数字化和电力市场等基础型关键技术领域展开。

一、保障电力供应与新能源消纳技术路径

（1）在电源侧，一是开展新能源涉网特性测试与评价，完善关于新能源涉网特性的评估与测试体系，全面测试新能源涉网性能、准确评估其接入对电网的影响。二是提升多类型电源调节能力。加快在运煤电机组灵活性改造，提升机组调节速率与深度调峰能力，新建煤电均应具备深度调峰能力。鼓励或要求新能源按照一定比例配置储能。研究水电站增设大泵，具备一定的抽水调节能力。研究新能源置信容量评估及提升方法，加强系统调节能力建设。三是加强多能互补与协运行。完善风、光、水、火、储等多类型电源间协同运行控制策略，优化资源配置，实现传统化石能源与风、光等新能源协调规划、优化运行、协同管理、交互响应和互补互济。

（2）在电网侧，一是加强跨省、跨区输电通道建设，打造大范围资源优化配置平台，进一步加强极端天气省间互补互济能力；同步加强送端、受端交流电网，扩大联网规模，可靠承载跨区域、大规模的输电需求。二是推动建设适应分布式、微电网发展的智能配电网和综合能源网络，促进电、冷、热、气等多能互补与协调控制。针对规模化充电桩、分布式光伏等新能源接入中低压配电网，推动配电主动服务变革和用电多样化供电服务变革，实现配电网云边协同与多专业数据业务协同，提升互动用电能效。

（3）在负荷侧，全面拓展电力消费新模式，发展“互联网＋”智慧能源系统，构建电—光—热一体化供热系统，为用热需求提供电能替代综合解决方案，提高以电能为中心的能源系统电、气、冷、热多元聚合互动能力；构建全链条的电能替代碳减排水平定量评价技术体系，搭建分层聚合终端能源电能替代仿真平台，推动终端消费侧电能替代及能效提升。

二、保障电网安全稳定运行技术路径

在较长时间的传统电力系统转型期间，电力系统仍然是交流电力系统，必须遵循交流电力系统的基本原理和技术规律，寻求新的手段、加快措施布局，保障足够的系统惯量、调节能力、支撑能力，筑牢电网安全稳定基础。

（1）开展新型电力系统稳定机理及防控策略研究，构建适应高比例电力电子化电力系统的仿真分析技术，开发全电磁暂态、平台化、智能化等特征仿真系统，掌握大规模新能源及电力电子设备接入后电网及多能源系统的运行规律及安全稳定特性，适应安全稳定特性变化后的新型电力系统控制保护的要求。

（2）保障足够的系统惯量、调节能力、支撑能力。保持适度规模的同步电源，通过技术创新来调整常规电源的功能定位，扩大交流电网规模，提高同步电网整体惯量水平，开发新型惯量支撑资源，发展新能源、储能等方面的新型控制技术，提高电力电子类电源对系统惯量的支撑能力。在提升电源侧调节能力的同时，推进分布式电源、分布式储能等参与调峰、调频，共享全网调节资源。开展火电、水电机组调相功能改造，要求新能源作为主体电源承担主体安全责任，通过技术进步来增强主动支撑能力。

（3）持续推动电力系统数字化平台建设和数字新技术应用。研究基于“大云物移智链”的新一代调控系统。加快研发并推广应用智能传感及感知技术、智能量测、先进通信、数字孪生和虚拟电厂等新一代数字化技术和应用场景，实现数字技术与新型电力系统能源技术的深度融合，推动数字化、智慧化和网络化发展。

（4）探索开展适应我国国情、省情的电力市场机制设计和关键技术研究，建立支撑新型电力系统建设、促进能源清洁低碳转型、提升资源优化配置水平的电力市场。

第四节 特色型技术路径

由于各省的资源禀赋、基础条件各不相同，在省级新型电力系统技术路径设计中，除依托基础型技术路径完成规定动作外，还应因地制宜、综合考虑提出特色型技术路径。可依据省域新型电力系统功能定位，重点围绕本省地理区位、资源禀赋、电源结构、网架形态、本省经济社会发展、能源消费需求和产业技术配套等基础条件分析，针对本省需重点解决的突出问题，以目标导向＋问题导向，确定具备省域特色的技术路径，打造优势技术应用场景。综合部分网省公司已经发布的新型电力系统省级建设方案内容来看，其类型大体可分为清洁能源送端、负荷中心受端和供需相对平衡等三种典型类型，下文基于本章提出的基本分析框架，以相关省份建设方案为例总结提炼上述三类典型特色技术路径。

一、清洁能源送端

清洁能源送端省份的主要特点是新能源资源丰富、本地负荷消纳能力相对不足，青海、甘肃、宁夏、新疆等西北部省份具有相近的能源和网架特点。其功能定位主要是一方面大力推动新能源资源开发，不断提升新能源就地消纳规模及水平；另一方面要依托大电网资源优化配置平台将清洁能源特别是新能源资源输送至全国，助力全国低碳转型。以青海省为例，其省级示范区建设架构如图4-4所示。

图4-4 青海省级示范区建设架构

（一）基础条件分析

1．资源禀赋

青海、甘肃、宁夏等地均为新能源资源富集省份。青海是国家重要的新型能源产业基地，清洁能源资源品类齐全，开发优势显著，开发潜力巨大。太阳能、水能、风能资源位居全国前列，水能资源理论蕴藏量位居全国第五；太阳能资源技术可开发量位居全国第二，光伏发电成本全国最低；风能技术可开发量位居全国前列；地热能、天然气、页岩气储量丰富，盐湖锂资源和盐类资源优势显著，为电化学储能和光热发电产业发展提供了优越的支撑条件。甘肃省化石能源和清洁能源种类齐全，资源丰富，特别是以风、光为主的新能源产业基础雄厚，在国家能源发展战略中占有重要地位，是我国清洁能源开发利用和“西电东送”的重点区域。根据中国气象局2020年资源评估成果，按照100m高度、150W/m^2以上的条件，全国风能技术开发量99亿kW，甘肃风能技术开发量为5.6亿kW，全国排名第四，且随着低风速风机的普及利用，风资源开发量还将进一步提升；全国光伏发电技术开发量1287亿kW，甘肃光伏发电技术开发量为95亿kW，全国排名第五，新能源开发利用空间巨大。宁夏风、光资源充足，初步测算光伏、风电可开发规模超1亿kW，是光资源一类地区、风资源三类地区。

2．电源结构

清洁能源送端省份电源结构总体呈现出以清洁能源为主导、新能源为主体的特点。青海已发展成为全国清洁能源、新能源占比最高的省域电网。自2018年以来，青海新能源装机占比超过水电，成为省内第一大电源。截至2021年底，全省电源总装机4114万kW，新能源装机占比高达61.5%。在运储能电站14座，容量382.42MW/532.87MWh。

从甘肃等近似省份情况看，新能源也已成为甘肃第一大电源。截至2021年底，甘肃电源总装机容量达6152.38万kW，其中新能源装机2896.54万kW，占比超过47%。

3．网架结构

以新能源基地为典型特征的青海、甘肃等地新型电力系统，既具有特高压直流大送端特征，又具有西北送端电网枢纽属性，其科学规划、建设和运行直接关系到西北乃至全国新型电力系统的构建，甚至影响全国新能源供给消纳体系的建设。

青海具备典型送端电网特征，是“西电东送”的重要通道之一。青海电网已发展成为东接甘肃、南联西藏、西引新疆和直通中原的交直流混合、多端枢纽型电网，是西北电网骨干网架的重要组成部分。青海建有世界首个以输送清洁能源为主的特高压输电大通道——±800kV青豫特高压直流工程。

从甘肃、宁夏等其他送端电网情况看，甘肃作为西北区域电网的总枢纽，国家“西电东送”战略的重要输送走廊，4条特高压直流横贯东西，18条省际750kV线路与陕、青、宁、新四省区相连，承担着西北乃至全国资源优化配置的重要任务。甘肃距离中东部负荷中心相对较近，风、光资源丰富地区交通条件相对便利，具有较好的成本优势。作为风、光资源大送端的甘肃，利用大电网互联优势，2021年向20个省（自治区、直辖市）送电达517亿kWh。作为国家“西电东送”战略最早的重要送端，宁夏也是一个传统能源和新能源都富集的地区，“强电网、大送端”的网架结构特征明显。宁夏电网在全国率先形成覆盖区内的750kV双环网，建有宁夏宁东—山东青岛、宁夏灵州—浙江绍兴两条全国商业运行效益最好的跨省区直流输电工程以及运行效率最高的±800kV特高压直流输电工程。

4. 用电需求

从用电需求情况看，虽然总体上用电负荷和电量呈现增长态势，但清洁能源送端省份的新能源发展总体上超前于省内用电需求增长，本省就地消纳能力有限，迫切需要加快特高压外送通道建设，实现送端地区新能源在全国范围内优化配置。

以青海为例，青海省内企业投资开发建设新能源项目的积极性高涨，市场化并网项目规模急剧增长，大幅超过本省新能源消纳空间，成为新能源高质量发展的潜在风险。宁夏、青海电网分别是我国第一、第二个新能源发电出力超过全网用电负荷的省级电网。甘肃新能源发展也已超前于电网、负荷、储能以及其他的支撑性调节性电源，预计“十四五”末甘肃新能源装机将超过8000万kW，“十四五”期间甘肃新能源理论发电量年均增长20.7%，远超省内全社会用电量年均4.94%、外送电量年均14.2%的增长速度。在省内用电市场有限的情况下，未来几年新能源消纳压力将持续增大。

（二）典型问题分析

通过基础条件分析，可明确以青海省级示范区为代表的清洁能源送端省份总体定位，主要是构建特高压直流送端型、区域电网枢纽型的新型电力系统，其面临电力供应保障、电网安全运行、清洁能源消纳等诸多挑战，新型电力系统新形态、新技术亟待研究突破。

（1）电源侧新能源以低置信容量实现发电量高占比，电力电量实时平衡困难，亟须加强灵活调节资源建设。新能源“靠天吃饭”问题突出，关键时刻顶峰作用不足，电力电量平衡贡献小，日电力平衡新能源有效出力低，季节电量平衡新能源冬季发电量比夏季骤减1/3。定位为送端电网的省份普遍存在保障性、支撑性、调节性电源不足等问题，新能源发展的过度超前将使得新能源消纳压力持续增大。受价格机制制约，煤电投资意愿偏低、建设滞后，配套煤电滞后严重制约直流通道输送能力和利用效率。另外，抽水蓄能建设周期长，新型储能处于规模化应用起步阶段，总体容量偏小，受限于市场机制和商业模式不明朗，已下达计划的配套储能设施建设滞后，未能实现与新能源项目同步建设、同步投产。综上所述，由于煤电、储能等灵活调节资源建设总体滞后，“十四五”期间及以后青海调峰缺口将明显增大。远期来看，要实现发电量中新能源为主体，新能源的装机容量渗透率将远高于100%，迫切需要同步发展大规模储能应用，也是一项巨大挑战。

（2）电网侧“一低、两高、双峰、双随机”的新型电力系统以及交直流混联电网的复杂结构对电力系统实时平衡带来巨大挑战。新型电力系统具有“一低、两高、双峰、双随机”的特点，其中“一低”是指新能源发电惯量低；“两高”指的是新能源比例高、电力电子设备比例高；“双峰”是夏、冬负荷高峰；“双随机”则是源、荷随机波动不可控。甘肃等送端省份新能源装机占比即将超过50%，新能源主体地位初步形成，电力系统“双高”“双峰”特征凸显，交直流混联相互影响，频率、电压稳定问题相互交织，直流密集通道安全风险明显增大。

（3）负荷侧响应能力弱，新能源就地消纳能力提升困难。青海等送端省份主要以电解铝、钢铁、多晶硅等高载能负荷为主，工业用电量在全社会用电量的占比高，现阶段终端负荷响应能力有限，可中断、可调节负荷潜力不大。受负荷用电曲线与新能源发电曲线不匹配等因素影响，新能源消纳问题逐步凸显并成为制约新能源发展的重要因素。

（三）特色技术路径分析

从以青海示范区为典型代表的清洁能源送端省份技术路径看，电源和大电网侧场景丰富，配电网和负荷侧资源有限，其特色技术路径重点在高比例新能源大规模送出消纳、新能源发电主动支撑、智能调度运行、大容量新型储能等方面加大核心技术攻关力度，依托重大工程在新能源开发、直流外送、新型储能、现货市场、电氢耦合等方面打造国内一流的创新示范基地，推动新能源发电向着电力、电量并重的供应主体转变，为新能源资源富集的送端新型电力系统建设树立标杆和模板。清洁能源送端的特色技术路径如图4-5所示。

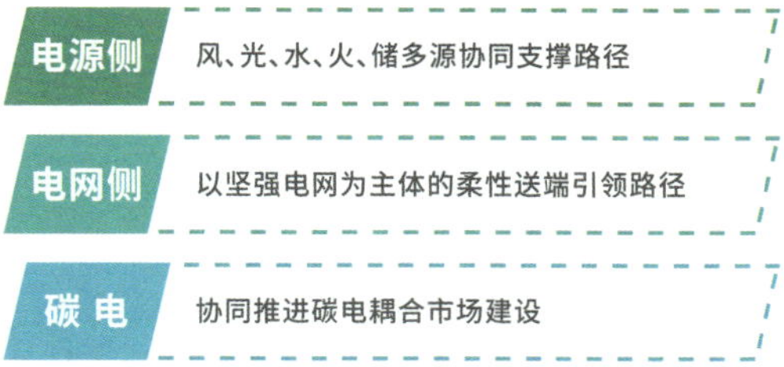

图4-5 清洁能源送端的特色技术路径

1．在电源侧发展风、光、水、火、储多源协同支撑路径

重点针对新能源主动支撑技术、风、光、水、储/风、光、储一体化协调运行、火电灵活性调节等关键技术，强化攻关，以清洁高效的煤电为支撑，以抽水蓄能、各类新型储能和可控负荷灵活调节为手段，打造新能源高效开发利用的样板。多元化发展大型水电、抽水蓄能等清洁能源，高度关注燃煤电源的建设和新能源联合优化运行的问题，打造常规电源和新能源联合优化运行的样板，实现多类型电源和电网整体的协同优化运行；提升应急备用和调峰电源占比，探索“光伏＋储能＋分布式调相机”建设模式，促进虚拟同步机应用；进一步加强提高储能能量密度等储能技术研究，规划引领“光伏＋储能”、“光伏＋光热”、风、光、水、储、源网荷储等储能基地建设，提高主动支撑能力，建设以构网型储能为基础的虚拟电厂，打造储能发展先行示范区。积极推动电制氢能及其储运技术研究，打造规模化绿氢生产示范基地。

2．在电网侧推动以坚强电网为主体的柔性送端引领路径

以稳定可靠的超/特高压直流群为载体，打造新能源大范围优化配置的样板。重点攻关柔性送端控制理论、多能源电力系统调度与控制、大规模新能源集群高效送出等技术，同步建设相应比例的客户侧可调节、可中断负荷资源池。把提高电网大范围优化配置资源能力作为长期任务，加快新一代调度系统建设，推进虚拟电厂、柔性汇集、柔直组网等技术应用，不断提升电网协调控制、安全输送、智能互动能力。

3．协同推进碳电耦合市场建设

率先打造省域零碳电力系统，深化储能市场机制、零碳电力系统价格与市

场机制、电力市场与碳市场协同发展等重大问题研究，协调搭建全省统一碳交易平台，积极参与全国绿色电力交易，建设全国重要的碳汇输出基地，以绿电、零碳、碳汇输出为特色，打造零碳电力系统先行区。

二、负荷中心受端

负荷中心受端省份的主要特点是资源匮乏型的典型大受端电网结构，用电负荷体量大、电力保供形势严峻、外来电比重高，保供、能耗双控任务艰巨，浙江、江苏、上海等东部负荷中心具备相近区域特征。其定位主要为供给侧以省内清洁能源和清洁外来电替代化石能源，以电网弹性提升主动应对大规模清洁能源和高比例外来电的不确定性和不稳定性；消费侧优化用能结构，提升终端电能、氢能等清洁能源占比，服务全社会减碳降耗。以浙江省为例，其省级示范区建设架构如图4-6所示。

图4-6 浙江省级示范区建设架构

（一）基础条件分析

1．经济社会及需求分析

负荷中心受端省份普遍经济社会发展基础条件较好，经济条件、行政效率、社会治理、市场化程度和信息技术水平都居国内领先。其主要特征如下：①用电负荷增速快，如近年来，浙江用电负荷屡创新高，2021年最高用电负荷突破1亿kW；②终端电气化水平较高，但单位GDP能耗高，能源双控减碳压力大。

2．电源结构

相较于能源输出型、能源相对平衡型电网，负荷中心受端省份在保障电网安全稳定运行方面面临更多挑战。以浙江为例，其煤炭等化石能源匮乏、主要依靠外省调入；新能源资源有限，光伏基本处于三类地区，年有效利用小时数不足1000h，新能源潜力主要依托分布式形式释放，不具备建设大量集中式电站的条件，难以成为电源绝对主体；陆上风电受土地资源约束，不具备大规模发展能力，但核电、抽水蓄能资源相对丰富。因能源自给率低，无法实现内部自平衡，需要外来电支撑。在“双碳”背景下，煤电发展受限，对外来电依赖性将更大。

3．网架结构

负荷中心受端省份大受端电网特征显著。如浙江具备坚强的主网架结构，通过特高压直流从西南和西北受电，有典型的大受端电网特征。浙江负荷超过1亿kW，外购电绝大部分依靠“两交两直”特高压骨干网架输入。2021年浙江新增新能源装机容量555万kW，占新增装机容量的77.6%，外来电占全社会用电量1/3，需要电网提升承载能力，适应大规模新能源主体化新格局，同时承接大规模外来电。

（二）典型问题分析

作为资源匮乏的受端电网，负荷体量较大，外来电比例高，要在保障电力安全可靠供应的同时，推动绿色低碳转型和能效提升，保供、能耗双控的任务艰巨，能源供应绿色、经济和安全的“三角矛盾”最为突出。以浙江为例，其面临的主要问题是如何应对外来电力和间歇性、波动性新能源的两个不确定性问题，如何保障大规模的分布式电源消纳，如何在满足高质量的用电需求的同时降碳减排。这些都对于提升电网弹性提出迫切要求，需要在源网荷储四侧发力、政策机制多方突破，以实现源网荷储统筹协调一体化发展。

（1）电源侧高比例外来电供应如何保障，大规模分布式新能源如何消纳。以浙江为例，高比例外购电是浙江电力保供的重要支撑，浙江外来电占比持续高达1/3，一旦送端有波动，就会直接影响全省电力供应。而外购电的来源、供给、交易、价格等都存在不确定性，省外清洁能源争取外购电难度增加。而风、光等新能源发电“靠天吃饭”，随机性强，无法稳定保障能源供给。

（2）海量用户侧资源如何盘活调动。在本地电源侧资源有限的情况下，如何通过成本疏导和技术手段充分调用海量用户侧资源、储能资源，扩大灵活互动资源规模，来应对新能源的不确定性，并可通过市场机制创新，合理疏导增加的互动成本。

（3）配用电侧如何低碳发展和能效提升。如何通过配微网融合，构建高可靠新形态网架，实现传统供电网络向城市综合功能网络演进，支持推动实现消费侧清洁替代和能效提升，通过发挥电网效能带动作用，提升全社会能效水平，实现能源领域降碳减排。

（三）特色技术路径分析

图4-7 负荷中心受端的特色技术路径

面对上述典型问题，受端省份特色技术路径着力在配微网、负荷侧打造特色优势场景，重点研究柔性输电、直流组网、氢电耦合、动态增容、分布式潮流控制、超导材料、大规模储能等新技术，适时推动相关前瞻性新技术在区域内先行先试。以大规模储能为必要调节、源网荷储协同互动为关键举措，以数字化手段和新机制突破提升电网互动能力，重点在分布式、微电网融合发展方面作示范，充分挖掘系统灵活性调节能力和需求侧资源，提升新能源就地消纳水平，以电网的弹性提升应对外来电和分布式新能源发展的不确定性，为沿海经济发达、能源消耗大省的新型电力系统建设提供示范借鉴意义。负荷中心受端的特色技术路径如图4-7所示。

1．电源侧——通过源网联动提升电网灵活调节能力

联动各类电源，提升系统调节能力，实现清洁能源应发尽发。统筹支持现役煤电机组节能降碳改造、灵活性改造、供热改造“三改联动”，力争2025年主力煤电机组调峰深度达到60%以上；新能源方面，攻关具备AGC及一次调频功能的海上风电场，提升新能源参与电网调节的能力和并网友好性；利用5G等通信新技术建设虚拟电厂，组建流域水电资源阶梯调度，最大限度挖掘本地水电顶峰潜力；加强系统调节能力建设，深化区域抽水蓄能发展规划研究，推动

抽水蓄能电站科学布局。

2．电网侧——促进区域主网架和各级电网协调发展

构建资源匮乏型大受端电网安全保供技术路径。通过虚拟电厂聚合、柔性潮流控制、主配电网无功协同、潮流优化调度等手段，研究大规模新能源柔性接入技术，进一步提升电网运行效能。

大电网方面。依托特高压交直流混联电网提升清洁能源受入能力，强化电力清洁保障供应；扩展和完善特高压主网架，优化500kV电网分层、分区方案，从源头上解决短路电流超标、区外直流落地疏散等问题；重点突破大规模中远海上风电并网消纳技术，提高区域主网架和直流通道利用效率，提高大电网安全稳定运行水平和资源优化配置能力。

配微电网方面。推动大电网与微电网融合发展。随着分布式新能源大规模开发，电网将向灵活互动方式演进，电网结构形态也会发生变化。要应对分布式能源大规模发展，实现新能源就地消纳，离网型、并网型等多类微电网发展势在必行，同时也需要考虑推动合理协调微电网与大电网融合发展和相互配合等技术路径。重点突破分布式光伏群控群调技术，试点建设省级能源互联网，利用新技术充分保障大规模新能源的接入、消纳和利用。攻关各层级电网防灾减灾技术，应对极端灾害及严重故障情况下电网安全稳定运行的挑战。

3．负荷侧——持续深挖需求侧资源打造高互动模式

扩大可调节负荷资源库，增强电网柔性调节能力。试点通过可中断负荷、负荷聚合商等提供辅助服务，积极参与电网调节互动，促进电力系统整体碳效水平提升。深化应用“大云物移智链”相关技术，推出面向全业务、全区域、全时间尺度“一键响应”需求侧管理新模式。通过针对短时、小容量的供电缺口，自动生成需求响应方案；针对长期、大容量的供电缺口，基于客户标签、行业负荷特性等多种因素，一键生成负荷管理方案；针对紧急情况，依托海量电网资源和客户资源动态映射，可一键生成策略、调控可中断负荷。

探索园区级光伏发电、储能、氢能、充电基础设施等，开展分布式发电与电动汽车（用户储能）灵活互动技术，调动负荷侧调节响应能力，建成千万千瓦级灵活互动资源池。在工业、交通、建筑、农业等领域推广电气化，提升电力在终端能源消费中的占比，研究提高能源消费效率的举措。

4．储能侧——积极推动电源、电网、用户三侧储能

开展储能参与电力辅助服务市场工作。需要大力推进储能建设，尤其加快

推进抽水蓄能开发建设和中小型抽水蓄能电站纳规建设，研究探索风光储一体化发展模式，提升电网弹性。风光储一体化方面，研究论证增加储能设施的必要性和可行性，优化配套储能规模，充分发挥配套储能调峰、调频作用，最小化风光储综合发电成本。风光水储一体化方面，论证实施优先利用水电调节性能消纳风光电力；探索储热试点，将谷电或新能源以热能形式存储，以电能、热能方式共赢。

5．构建主网调度向全网协调调度转变的新型电力调度体系

持续提升电力系统电压、频率调节支撑能力，建立多种能源联合调度机制；准确预测新能源出力变化，降低电网调度运行的难度，降低新能源出力不确定性和波动性对电网的冲击；通过源、网、荷、储各侧灵活资源调度，做好日内电力电量平衡，提升电网短期调节能力；通过电、热、氢等异质能源互联互通技术研究，提升电网中长期调节能力，应对数天甚至数十天的电源出力不足和盈余。积极开展虚拟电厂试点，攻关云计算、大数据、物联网、人工智能和5G等数字技术应用，规模化聚合分布式电源、分散的用户负荷、充电设施和小型储能等资源，实现优化调配运行。

三、供需相对平衡

供需相对平衡省份的主要特点是省内清洁能源资源丰富，能源供应不依赖外来清洁电力，季节性盈余电力可输送支援周边网省，可在实现能源长期相对平衡的基础上对周边省份提供绿色能源支撑。以福建省为例，其功能定位是打造东南沿海清洁能源基地和能源优质服务平台，构建坚强送端电网支撑海上风电及核电大规模并网送出，同时具备供需自我平衡能力。四川等省份也具备送受一体化等相似的电源网架基础条件。以福建省为例，其省级示范区建设架构如图4-8所示。

（一）基础条件分析

1．资源禀赋和电源结构

具备清洁能源供需相对平衡能力的省份，普遍具有水电等清洁能源资源丰富的特点。以福建为例，作为首个国家生态文明试验区，碳汇资源储备丰富，拥有风、光、水、气、核等多种清洁能源，多年持续保持清洁能源100%

图4-8 福建省级示范区建设架构

消纳。2021年清洁能源装机占比57.95%，发电量占比48.54%。截至2021年底，福建非煤发电装机容量比重超过55%。海上风电资源理论蕴藏量超2亿kW，核电已投产装机容量居全国第二，抽水蓄能资源丰富。风、光电源发展增速快，2021年新增风电并网容量230万kW、光伏发电并网容量70万kW，分别同比增长109%、133%。

相似地，四川省清洁能源资源丰富，是我国水电装机和发电量最大的省份，水电技术可开发容量约1.45亿kW，风、光新能源技术可开发量约1.2亿kW，是全国重要的清洁能源外送基地。四川省新能源装机容量快速发展，截至2022年3月底，新能源装机约为870万kW，同比增长19.34%。从上网电量看，2021年四川新能源上网电量近200亿kWh，同比增长28.70%。“十四五”末，风、光新能源装机将达到2200万kW，预计到“十五五”末将突破4700万kW。

2. 网架结构

供需相对平衡的省份，其省内网架结构也表现为源荷逆向分布特点，电网安全稳定运行压力大。由于省内资源禀赋差异，福建省电源分布“北多南少”，用电负荷“南大北小”，电源布局与负荷增长呈现“南北倒挂”逆向分布特点。随着南部负荷增长和北部规划电源投产，“十四五”期间电网“北电南送”规模将进一步加大。福建电网通过1000kV浙北—福州特高压交流输变电工程和500kV输电工程与华东电网相连，省内形成“全省环网、沿海双廊”的500kV主干网架；220kV电网基本形成以500kV变电站和220kV电源为支撑的网架结构。山区和沿海电网发展不平衡仍然存在，随着海上风电群规模化集中连片开发，接入电压等级要求更高，配套送出通道建设日益困难。“十四五”期间将加快形成省内“四纵三横”主网架，构建北接华东电网、南联南方电网的主通道。

四川电网具有“省内送受一体化”复杂电网结构特性，省内地理特征复杂，且源荷同样呈现逆向分布，大量直流通道与新能源集中于送端侧加剧网内电力电子化特性，电网转动惯量低、频率稳定风险高，省内受端负荷中心严重缺乏电源支撑，安全稳定和电力供应保障难度大。未来，随着电网提档升级、特高压交直流工程不断建设，四川新型电力系统复杂网络特征将进一步凸显。

3．用电需求

供需相对平衡省份的社会经济发展态势普遍良好，用电需求保持较高增长。以福建省为例，随着海峡西岸经济区建设战略的实施，福建省能源需求呈现快速增长态势，用电负荷屡创新高，用电峰谷差逐年拉大，电力保供压力不断增大。2021年，福建全省最高用电负荷达4662万kW，7次创历史新高。福建全社会用电量为2836.66亿kWh，同比增长14.2%，增速位列全国第十。与福建类似，随着成渝地区双城经济区等国家战略实施，四川省电力需求也呈现快速增长态势。2021年，四川全社会用电量为3274.81亿kWh，同比增长14.3%，增速位列全国第九。

（二）典型问题分析

供需相对平衡的省份要实现高比例新能源供需平衡，重点是要解决新能源出力时空分布变化优化配置问题，通过挖掘需求侧响应资源，实现低风无光等极端场景下的供应保障。

要实现能源供应省内自平衡，不同区域、不同季节负荷特征差异明显，且随着终端电气化水平提升和负荷大规模爆发式增长，负荷时空差异性和结构多元性将更加突出，电源丰枯不确定性导致供需不匹配问题突出，大规模新能源上网后源侧随机性、波动性进一步叠加，面临诸多挑战。

（1）清洁能源及电力稳定供应呈现季节性丰枯不均特性。以福建情况看，风电、光伏存在“极热无风”“晚峰无光”的供应特性，新能源的顶峰能力严重不足，出力受天气影响较大，供需平衡难度加大。四川省也面临类似的难题。四川电源供应能力呈现明显的丰枯特性，近年来丰平期水电富余装机始终大于省外送电通道能力，大规模新能源开发后，风、光随机波动性叠加，省内水电外送需求与输电能力不匹配的矛盾进一步加剧，清洁能源输送与消纳面临严峻挑战。与此同时，随着成渝地区双城经济圈上升到国家战略和电能替代规模的巨大潜力释放，缺乏电源支撑的成都平原地区负荷呈现爆发式增长态势，加之枯水期水电出力不足，风、光不确定性凸显，进一步加剧了电力保供应难度。

（2）高比例新能源、高比例电力电子化给系统安全稳定运行带来挑战，电网安全运行压力增大。新能源出力波动性强，风电逆调峰特性加大系统调频压力。新能源装机规模快速增长，系统电力电子化程度不断提升，使得系统频率、电压稳定复杂化。福建地形多样，台风、地震、山火等极端天气和自然灾害频发，安全保障任务极为艰巨；四川随着特高压直流外送通道的建设，“强直弱交”、局部电网“卡脖子”等问题突出。

（3）配电网承载能力不足，分布式光伏规模化发展消纳压力增大。随着规模化分布式光伏开发和用户侧新能源普及，会出现大量的“产消者”，传统“源随荷动”将向发供一体、多元用能、源网荷储互动转变，电网承担兜底供电，设备效率将显著下降，局部户均光伏装机大大高于户均配变容量，局部电网倒送加剧，甚至大幅过载，电网设备“降效率、难消纳”两极分化。而目前尚未形成适应源荷灵活、高承载接入的配电网架，配电网数据采集感知能力还存在较大差距。

（4）能源体制机制有待完善。为保障高比例新能源并网消纳，配套送出工程、储能建设、电源灵活性改造等隐性投资增加，但缺乏相应的成本疏导机制；需求响应资源仍未被视作与发电企业对等的市场主体，难以被纳入各类市场交易的主体范围和交易规则；电力市场和碳市场建设相对独立，缺乏政策协调和机制协同，电力能源结构调整目标尚未与碳市场配额分配等有效衔接。清洁能源资源的环境属性优势和经济转化优势尚未完全体现，需加快完善相关市场机制，多维度体现清洁能源的价值。

（三）特色技术路径分析

从技术应用场景条件看，供需相对平衡的省份在源网荷储四个环节都具有一定的基础条件和应用需求，场景资源较为均衡，可在借鉴其他类型省份特色经验的同时，进一步探索个性化特色路径。在大电网新能源送出、配微网及能源消费侧需求响应等方面的技术路径，可分别借鉴送端型、受端型技术解决方案。可结合区位特色，在新型配电网平台建设、海上风电并网、海岛等多场景配微网建设、防灾减灾、数字化技术、能源市场机制创新等特色细分领域或体系化协同领域发力，探索大型调节性水电、抽水蓄能、新型储能、数字化平台等快速动态响应的特色资源灵活性支撑技术路径，同时可试点先行先试前瞻性技术应用场景，为其他网省同类场景建设提供借鉴参考。供需相对平衡省份的特色技术路径如图4-9所示。

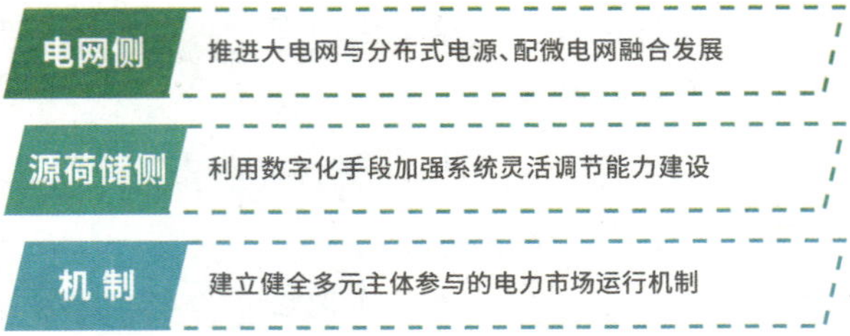

图4-9 供需相对平衡特色技术路径

1．电网侧推进大电网与分布式电源、配微电网融合发展

全力推进新能源与大电网、配微电网融合发展，形成新能源、交直流混联大电网与配微电网融合发展的电网新形态。

主网方面，加快特高压网架规划和建设。不断完善网架结构，加快特高压交直流以及清洁能源外送配套电网工程建设，通过电网提档升级形成适应可再生能源局域充分消纳和跨省送出的电网体系，促进清洁能源在更大范围优化配置，支撑大规模清洁能源并网送出。同时，需要利用新技术手段提升电网全面感知能力、快速响应能力和安全防御能力，面向快速波动的规模化新能源和随机负荷，“以快制快”挖掘电网输送能力和调节潜力，增强大电网弹性和韧性。

配电网方面，加快高能级新型配电网建设，探索构建新型配电网平台。研究新型配电网平台基础功能，加快柔性配电网建设，重点攻关低压直流技术、分散自治、集中协同的区域配电网调控技术、配微网融合规划及运行控制技术、数字孪生技术等关键技术，开展馈线型微电网示范建设、台区型微电网示范建设，探索增量分布式电源、储能装置就近接入解决方案，为交、直流负荷就地提供“即插即用”供电模式。以深化融合终端应用功能研发为抓手，研究台区源网荷储即插即用技术，提升配电网全景感知水平和聚合协同控制能力；研究基于最小化同步量测的配电网融合状态感知技术，提升配电网透明化水平和自我恢复能力。

海岛微电网方面，结合海岛特色，探索“新能源＋储能＋低压交直流电网＋集控”的微网建设模式；依托光储充、光储等多能互补示范台区建设，研究基于柔直技术的低压台区互联试点技术方案。

防灾减灾方面，研究应对山区沿海灾害叠加环境下的韧性配电网技术，提升配电网灾害高发地区可靠供电水平与灾后恢复能力。深化无人机在配网应用，研究山区复杂环境下自主巡检和灾损快速评估等技术，提升灾损查勘评估效率。

2．源荷储三侧利用数字化手段加强系统灵活调节能力建设

打造水风光互补互济、源网荷储协同互动的清洁能源数字化配置平台，提升系统灵活性。重点攻关灵活调节负荷资源辨识、预测、聚合及参与系统调节技术、区块链交易技术、储能运行控制及主动支撑技术、电制氢等长周期电能源存储等技术，加快新技术应用，超前布局新型储能、氢能等领域。加快数字化转型，打造高弹性、数字化、智能化的电力系统“大脑”，充分利用数字化技术，探索“虚拟电厂＋数字电网＋多能转换”的建设模式。深化人工智能在配电网计算推演中的应用，研究有限微气象量测下的配电网分布式能源功率预测等技术，提升夏季降温负荷、分布式光伏功率预测精度，优化台区/户用等储能联合运行策略。

3．建立健全多元主体参与的电力市场运行机制

积极探索适应省情、网情的电力市场交易机制，促进新能源快速、规范、有序发展的配套保障机制，研究适应新能源大规模并网的供需保障与灵活调节机制，重点攻关绿电双边交易市场、电碳协同发展市场机制、推动风光等新能源配储政策落地实施、储能市场化运营机制等机制研究，充分释放电力市场交易活力和市场内灵活性调节资源发展潜力，积极探索实践新模式、新业务、新业态；在清洁能源外送方面，充分发挥大电网跨区资源优化配置作用，创新跨省跨区电力交易机制，以科学高效的市场机制为保障，推动建设源网荷储协调发展、互济互利的新型电力系统。

第五节 前瞻型技术路径

前瞻型技术路径是重点针对高技术领域中具有前瞻性、先导性和探索性的

重大技术开展试点应用。新型电力系统构建过程中涌现出的诸多新问题、新挑战单纯依靠传统技术路线难以应对，迫切需要前瞻性、颠覆性技术革新。但由于前瞻性技术研发突破存在较大的不确定性、需要长期高投入，省级新型电力系统建设需要基于对技术发展趋势和重大需求前景的科学研判，适度超前于现实性需求开展前瞻性技术布局、场景挖掘和试点应用。在先行先试过程中可能存在实际需求尚不突出、前期基础攻关投入巨大，短期价值体现不明显等问题，需要在转型期统筹合理规划，从而发挥科技引领未来发展的先导作用，为构建新型电力系统、实现“双碳”目标提供强有力的中远期技术支撑。

从对电力系统影响较大的前沿技术领域来看，在基础前瞻领域，应重点关注高效率、高安全、大容量、长周期储能、氢能及燃料电池、高效率光伏发电材料、新型绝缘材料、超导材料、宽禁带电力电子器件等基础支撑技术突破和发展趋势；在工程应用领域，需重点攻关高效率、低成本新能源发电、大规模海上风电、直流组网技术，直流微电网技术、交直流混联配电网技术、新一代人工智能和物联网、虚拟电厂、源网荷储双向互动、主动需求响应、综合能源系统、碳捕获利用与封存等技术应用。下文结合第三章技术研究框架，对部分影响较大的相关关键技术方向进行论述。

一、高效、低成本、长寿命等新型储能技术路径

为了平抑新能源的波动性，保障新型电力系统供电的可靠性和安全性，必须实现不同时间尺度储能技术的创新与突破，包括电化学储能、飞轮储能、超导储能、超级电容储能等分钟级、小时级的储能技术，以及满足中长周期储能需求的热储能和氢储能等。欧美国家正在积极布局长时储能技术领域，探索可实现跨天、跨月，乃至跨季节充放电循环的储能系统。在电化学储能方面，铁—空气电池、液流电池都是主攻技术方向；机械储能方面，除了最为经济高效的传统抽水蓄能，还涌现出压缩空气、重力储能等新兴储能新技术；氢储能方面，利用富余的可再生能源制取“绿氢”，借助电氢转换与储存装置，实现跨季节、跨行业的可再生能源存储与调节，解决长周期电量平衡问题。

新型储能技术发展主要是在具备大容量、高安全、长寿命、低成本特征的变革性储能方向取得重大突破，构建广域协同的储能形态，成为完全可观可控的调节资源，全面满足各类应用场景（从暂态到稳态）的技术需求。超高比

能储能技术的规模化广泛应用，将颠覆传统电力系统运行方式，改变电网发、输、配、用电的形态，开启全新的电力生产分配新模式，为未来实现高比例乃至100%可再生能源的新一代电力系统奠定基础。

二、高可靠性、低损耗电力电子技术路径

在规模化新能源并网安全高效消纳提升技术领域，高可靠性、低损耗电力电子技术的推广应用，将逐步取代传统交流输电主导的输配电网，形成直流输配电网和交直流混合输配电网新模式。直流组网技术、直流微电网技术、交直流混联配电网技术等技术都是值得重点关注的前沿技术领域。SiC和GaN等宽禁带电力电子器件的发展，将推动高压直流输电和直流电网具有更大容量、更高效率和更高可靠性；采用新型电力电子元件的交流FACTS装置和交直流能量路由器直接接入电网，具有更高功率体积比和更低损耗，适用于构建直流配电网或作为微电网功率转换装置，将给中低压主动配电网和微电网带来革命性变化。应充分发挥柔性直流可实现新能源无同步电源并网、大规模多点汇集和送出方面的优势，重点研发全新能源输送的多端特高压柔性直流技术，支持在网架薄弱、缺乏同步电源支撑的地区集中开发新能源的需求。

三、新一代人工智能技术路径

电网数字化新技术以无处不在的传感器和先进ICT技术为基础，以物联网、大数据、云计算、深度学习、区块链等为核心，其中以人工智能技术发展最为迅猛，也将对电力系统运行方式产生深刻影响。人工智能具有应用于电力系统设备管理和系统控制、能量管理和交易等领域的潜力，可能会颠覆传统方式，开启一种全新的自动、自主新模式，有助于新一代电力系统的安全性、经济性和可靠性的提高。例如，未来分布式光伏出力不确定性和电动汽车等新型复合的时空不确定性将引入更多变量，传统分析方法在系统调度、交易方式、能量管理等方面将面临诸多挑战，知识图谱、强化学习、群体智能等新一代人工智能技术将是解决这一类问题的有力措施，有望变革传统以人为中心的电力调度决策、控制和协同模式。

上述技术的发展将会对未来电力系统的形态、运行调度和市场交易模式产

生重大影响。除此之外，在新型电力系统建设的长期过程中，还可能出现新的颠覆性、具有重大意义的技术方向。需要在构建过程中，及时跟踪前瞻性技术，突破最新动态进展，研判潜在技术创新领域，与时俱进，保持对新技术的接纳能力并适时调整前瞻型技术路径。

第六节 探索实践经验总结

新型电力系统的构建是一个渐进式、过渡式的发展过程，将经历转型期、建设期和成熟期，其关键技术路径从研发、试点到推广也需要较长的时间周期。在推进新型电力系统省级示范区建设的过程中，随着建设发展的深入推进，可再生能源占比不断提高，会不断面临大量涌现的新生事物、新主体、新问题，没有成熟的系统性方法和历史经验可以遵循，需要在实践过程中积极探索、勇于创新，及时发现问题、总结经验，以便更高效地推动技术集中攻关、示范试验和应用推广任务的全面实现。

一、强化顶层设计

整体建设方案和技术路径设计应遵循规划先行的原则，坚持系统观念谋划好全省一盘棋，体系化设计技术路径，要在保障能源安全的前提下有序推进能源绿色低碳转型，先立后破，服务全国新型电力系统建设大局。在技术路径设计上，应从本省实际出发，跟踪分析能源及电网技术发展趋势，统筹短中远期发展实际需求，统筹加强技术发展路径顶层设计，既要开展战略性、前瞻性电网技术布局；也要针对发展中面临的现实性痛难点问题，开展基础理论、核心技术和关键装备等系统性攻关，深入分析结合本省区位特色、产业和资源优势，积极探索首台套技术创新示范工程，从研发、试点到推广演进形成先行示范效应。

二、强化立项统筹

特别要注重处理好整体和局部、短期和中长期发展的关系。因为新型电力系统建设刚刚起步，部分地区新能源特别是分布式能源发展规模还有限，各级各地区面临的系统典型特征变化和突出问题紧迫程度不一，加上部分新技术示范项目造价成本较高，技术经济性尚不具备规模化应用推广条件。因此在项目策划过程中，存在技术先进性、技术经济性和现实必要性之间相制约的问题。要保证技术先进性，可能存在项目造价偏高、现实问题痛点不突出、实际获得感不强、推广局限性大等问题。需要系统谋划、统筹审定，平衡好先行先试、小范围推广及规模化应用等项目盘子。此外，实施计划应综合统筹各类项目出资渠道和牵头部门之间的关系，系统部署科技攻关计划、标准体系编制、政策法规和市场机制完善、数字化平台建设等分类计划任务安排，整体推进路径实施。

三、强化技术牵头

由于新型电力系统建设体系庞大、技术复杂，是一项长期的系统性工程。各级主体对于新型电力系统的认识程度不同、技术能力水平不一，各层级建设方案技术路径可能存在低水平、同质化问题。需要组建省公司级专业化研究机构、专家队伍和技术支撑力量，集中优势力量攻关重大技术问题，为各层级建设提供方案审查把关、技术供给和技术指导，避免自起炉灶、背离技术原则随意立项、脱离资源禀赋和客观条件盲目立项、低水平重复立项、常规业务以新型电力系统名义搭车立项等问题的发生。

四、强化分步推进

在实施策略上，要遵循分类分批、突出特色的原则。聚焦新型电力系统建设中最紧迫、最现实的问题需求，围绕重点领域、关键环节，根据省级资源禀赋实际，分类分批开展技术探索和试点示范，打造具有省域特色、符合省情的技术实施路径。同时在示范项目投运后，要及时总结提炼经验、研究运行策略，加快形成技术规范和标准，指导开展下一步更大范围的设计、建设、运行维护等规模化推广应用，提升示范应用价值。

五、强化生态联盟

构建新型电力系统，对重大技术联合创新、协同攻关提出迫切需求，不是一家单打独斗能建设好的，急需集聚各行业优势科研技术力量，为新型电力系统建设提供高质量技术支撑保障。一方面要积极争取地方政府支持，发动全社会力量共同参与，加快与地方政府签订合作共建框架协议，加快促请各级政府出台高层级规划和建设方案、成本分摊和电价疏导机制、需求侧响应机制等扶持政策，探索形成政企共建模式。另一方面需要充分协同源网荷储等各个环节，调动产学研用各方力量，积极参与、通力合作、分工部署，汇集内外部优势资源、群策群力、优势互补，搭建好合作发展共同体，在统一技术蓝图框架下共同开展技术研发、标准研制、示范工程建设和成果推广应用，加快形成新型电力系统协同创新、融合发展的生态圈和产业链。

第五章

综合示范场景实践

2022年，新型电力系统示范区工作已步入项目建设阶段，本章将围绕风电送出与并网、光伏友好消纳、储能应用、多能互补、配微电网、需求侧响应与数字孪生电网等领域介绍国内新型电力系统典型示范场景实践。典型示范场景以福建省级示范区典型示范工程为主，结合江苏、浙江、安徽、四川、广东等省份新型电力系统示范工程案例，介绍工程面临的具体技术问题和技术解决方案，为其他省份开展新型电力系统示范工程建设提供参考。

第一节 风电送出与并网示范

国内外风力发电发展迅速，尤其是海上风电装机容量年均增长速度近30%。近年来我国风电进入快速发展阶段，截至2021年底，我国风电累计装机容量约3.28亿kW，其中陆上风电约3.02亿kW、海上风电约2639万kW。2021年新增装机约4757万kW，其中陆上风电约3067万kW，海上风电约1690万kW。我国海上风电累计装机容量仅次于英国，位列世界第二。要高效利用海上风能，需研究应用海上风电送出技术，目前主要有三种输电技术可以实现海上风电并网，分别是高压交流送出、高压直流送出以及分频输电送出技术。高压交流送出技术成熟，但由于电缆充电功率限制，传输距离有限。高压交流送出工程经验较为丰富，下文主要介绍近年来高压直流送出与分频输电送出的典型示范工程。

一、张北柔性直流电网工程

张家口是国家可再生能源综合示范区，风能、太阳能等能源资源丰富，截至2021年12月底，张家口全市已完成可再生能源装机规模2347万kW，其中风电1644万kW、光伏695万kW、光热1.5万kW、生物质6.5万kW，张家口本地消纳新能源能力不足，需要大规模送出消纳。

张北柔性直流电网工程额定电压±500kV，建设666km±500kV直流输电线路，新建张北、康保、丰宁和北京4座换流站，工程总投资125亿元。北京换流站如图5-1所示。总换流容量900万kW，张北柔性直流电网工程基于柔性直流输电技术构建的直流电网，可实现多电源供电、多落点受电和新能源孤岛接入，具有更好的经济性与灵活性，能够将风电、光伏、抽水蓄能与负荷中心直接连接，构成多种形态能源灵活互补的能源互联网，通过多源接入和多能互补，可有效平抑新能源波动性。利用直流断路器、快速控制保护等设备，直流电网可以实现故障的快速切除和隔离，避免了局部故障引起的系统失稳或功率中断；通过功率转带和多回路由，充分发挥直流电网的网络优势，大幅提高了送电的可靠性。

张北柔性直流电网工程是集大规模可再生能源的友好接入、多种形态能源互补和灵活消纳、直流电网构建等为一体的重大科技试验示范工程。工程在世界上率先研究直流电网技术，首次建设四端柔性直流环形电网，把柔性直流输电电压提升至±500kV，单换流器额定容量提升到150万kW，首次研制并应用直流断路器、换流阀、控制保护等直流电网关键设备。

图5-1　张北柔性直流电网工程北京换流站

二、江苏如东海上风电柔性直流输电工程

江苏如东海上风电柔性直流输电工程是亚洲首个采用柔性直流输电技术的海上风电工程，海上风电场如图5-2所示。该项目位于江苏省如东县东部黄沙洋海域，离岸直线距离65km，负责汇集输出三峡如东H6、H10项目（共80万kW）以及中广核如东H8项目（30万kW），总计110万kW容量生产的电能。

图5-2　江苏如东海上风电场

如东海上风电柔性直流输电工程主要由两座海上升压站（如图5-3所示）、一座海上换流站、一回直流海缆、一座陆上换流站组成，采用±400kV直流电缆，共分为两极，每极包括99km海缆和9km陆缆，是目前国内电压等级最高、输送距离最长的柔性直流输电电缆。该工程填补了国内行业技术领域多项空白，有效解决海上风电场大容量、远距离输电问题，对未来我国海上风电集中连片规模化和远海大容量风电开发建设具有引领和示范作用。

图5-3　江苏如东海上风电送出工程海上升压站

三、台州35kV柔性低频输电示范工程

大陈岛隶属于台州市椒江区大陈镇，位于椒江区东南52km的东海海上，是国家一级渔港、省级森林公园和省海钓基地，岛周海域是浙江省第三大渔场。大陈岛上具有十分丰富的风力发电资源，岛上星星风电场内共装配容量约25.5MW的风力发电机组。

台州35kV柔性低频输电示范工程采用了国际首创的海岛低频互联技术，通过25.7km海底电缆连接大陈岛上的大陈变电站与路桥金清的盐场变电站，顺利打通海岛—大陆的通电通道。工程采用国际首创海岛低频互联技术并结合风机低频接入技术，构建输电容量11MW、输电频率20Hz的陆地—海岛—风电互联系统，验证低频风机经海缆低频直联送出技术可行性，研发35kV柔性交流换频站、低频变压器、低频断路器、低频风机、低频控制保护系统和低频计量表计等设备，工程示意图如图5-4所示。该工程可将大陈岛风电场的低频风电传输至内陆，如图5-5所示。

通过风电低频送出技术和低频柔性互联技术，可以实现11MW风电的低频汇集与送出，相当于五千余户居民的日常用电需求。穿越海缆的低频风电，在站内流经低频断路器、低频变压器进入阀厅，再分别流入模块化多电平矩阵变换器中，完成低频电能和工频电能的可控转换。转换后的工频电能再通过变压器升压转换为35kV、50Hz的电能，便可将低碳清洁的海上风电汇入电网，送去千家万户。

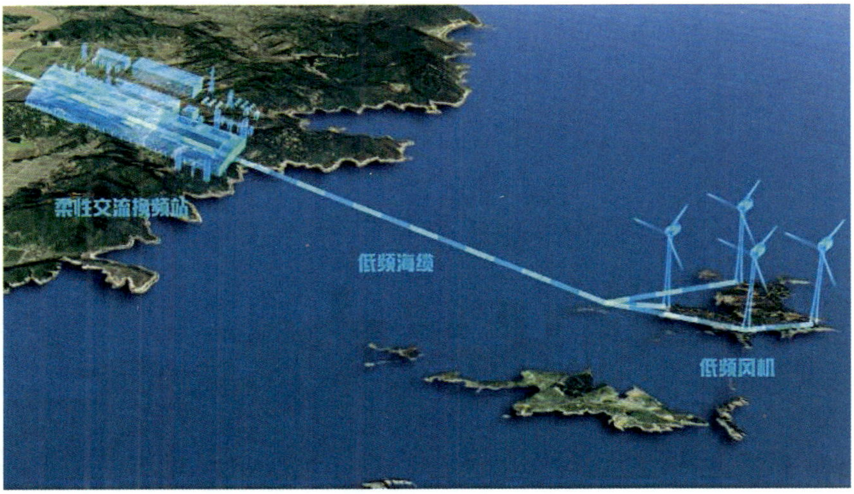

图5-4 台州柔性低频输电示范工程示意图

图5-5 台州柔性低频输电示范工程实景图

第二节 光伏友好消纳示范

随着“双碳”目标与整县光伏政策的推进，近年来，光伏接入量迅速增长。截至2021年底，全国光伏发电累计装机容量约3.06亿kW，其中集中式光伏约1.98亿kW、分布式光伏约1.08亿kW。2021年新增装机约5488万kW，其中集中式光伏约2560万kW、分布式光伏约2928万kW。未来，我国集中式光伏将以沙漠、戈壁、荒漠地区为重点规划布局大型风电光伏基地，分布式光伏则将在城镇、农村等既有与新建建筑屋顶大量新建，到2025年，公共机构新建建筑屋顶光伏覆盖率力争达到50%。集中式光伏的建设将带来送出的问题，大量的分布式光伏接入使会给配电网带来末端电压高、谐波、三相不平衡等问题。

一、国家大型光伏基地宁夏200万kW光伏项目

宁夏地区地势海拔高、日照时间长、辐射强度高、大气透明度好，是我国太阳能资源最丰富、太阳辐射的高能区之一，在开发利用太阳能方面有着得天独厚的优越条件。

2021年10月20日，国家大型光伏基地国能宁夏电力公司200万kW光伏项目（简称国家大型光伏基地宁夏200万kW光伏项目）正式开工建设。该项目是《生

物多样性公约》第十五次缔约方大会上宣布近期在沙漠、戈壁、荒漠地区开工建设的首期1亿kW大型风电光伏基地项目之一，项目俯瞰图见图5-6。此次开工的200万kW光伏项目充分利用宁夏宁东能源基地丰富的光照与煤炭备采区、采空区、沉陷区及荒山荒坡土地资源，因地制宜建设光伏电站，有利于提高矿区土地保水率和植被生长率，有效助力矿区生态环境改善与荒漠化土地治理，对实现宁夏地区清洁能源替代、推动能源结构转型、促进东西部区域协同发展具有重要作用和深远影响。该项目由国家能源集团宁夏电力公司投资建设，项目总装机规模为200万kW，总投资约101.6亿元，占地面积约6万亩，将于2023年底全部建成投产。项目配套建设1座20万kW/40万kWh的储能电站，通过灵绍±800kV特高压直流输电工程外送至浙江。项目建成投产后，预计年均发电量可达31.5亿kWh，年产值8.2亿元、利税约9000万元，每年可节约标准煤约96万t、减排二氧化碳约262万t，以多能互补为“西电东送”注入绿色能源，对实现清洁能源替代、推动能源结构转型、改善生态环境质量具有重要作用。

图5-6 国家大型光伏基地宁夏200万kW光伏项目俯瞰图

二、泉州南安中压馈线组配电网工程

（一）示范背景

石材陶瓷业是泉州的支柱产业之一，水头镇是南安石材交易的中心，有着大量的石材企业厂房。石材企业厂房面积大，近年来，越来越多的石材企业在厂房建设屋顶光伏。石材企业运营屋顶光伏的模式多为“自发自用，余量上网”，当工业园区中企业屋顶光伏规模较大时，大量光伏电能将无法就地消纳。

（二）技术方案

国网福建省电力有限公司提出建设中压馈线组配电网工程，在两条10kV馈线之间建立一套背靠背中压柔直互联系统，构建馈线组配电网，通过柔直系统，在馈线间完成功率转供，实现工业园区屋顶光伏的馈线间就地消纳、馈线动态增容、故障转供等。

泉州南安中压馈线组配电网示范工程在110kV龙风变电站10kV白莲线及其联络线110kV朴新变电站10kV垢坑线的联络点建设一套3MW柔直互联系统，内含3MW柔性互联变流器2台、隔离变压器2台、户外预制舱、中压开关柜及控制系统等设备。通过柔直互联实现不同变电站10kV馈线之间互联互备与可靠供电。南安中压馈线柔直系统见图5-7。

图5-7 南安中压馈线柔直系统

（三）工程成效分析

泉州南安中压馈线组配电网示范工程典型日运行情况如图5-8所示，紫色虚线为接在10kV白莲线环球石材厂光伏出力曲线，浅蓝色与浅绿色分别为若未加载柔直系统10kV白莲线与10kV垢坑线的功率曲线，深蓝色与深绿色分别为实际加载了柔直系统后10kV白莲线与10kV垢坑线的功率曲线。从图5-8中可看出约6:30，环球石材光伏开始发电，约9:00柔直系统开始进行功率转供。若无柔直系统，白莲线将在10:30至12:30期间倒送功率，日最大倒送功率约为1.1MW，在12:00左右。柔直系统加载后无功率倒送现象发生，白莲线与垢坑线负载率趋于平衡。

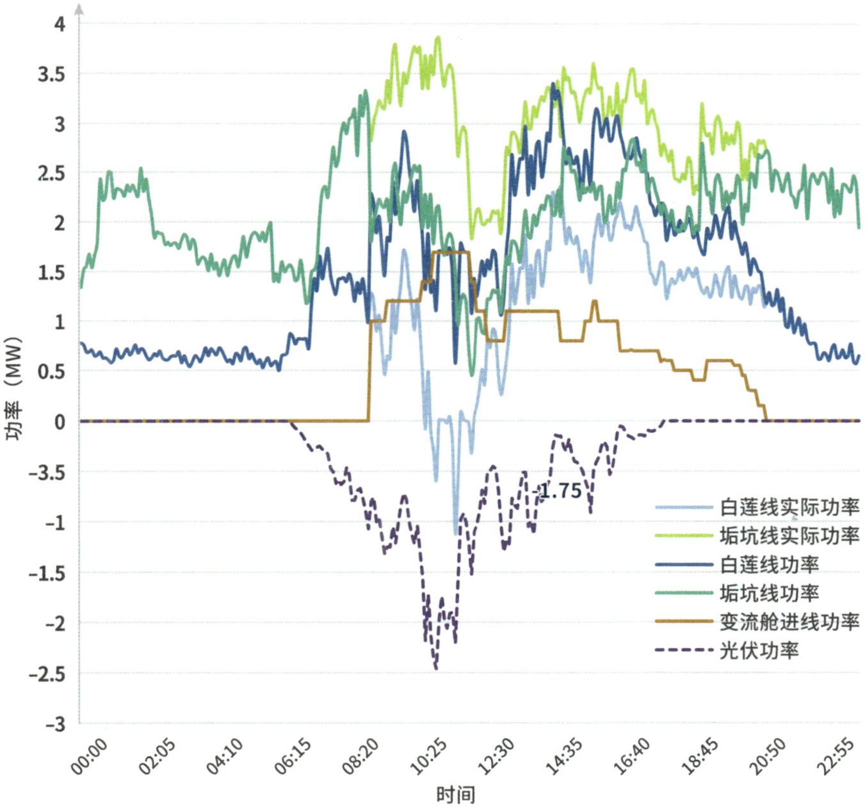

图5-8 泉州南安中压馈线组配电网示范工程典型日运行情况

南安水头中压柔直系统2022年7月1～7日光伏发电量转供至垢坑线消纳曲线如图5-9所示，受天气、光照强度影响，每日转供电量存在正常起伏，日转供电量在9.7～16.1MWh之间。

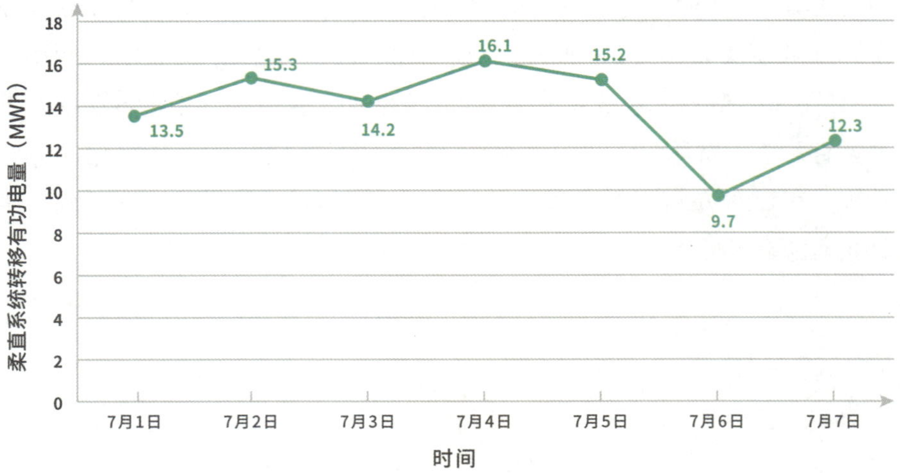

图5-9 中压馈线组配电网周运行情况图

泉州南安中压馈线组配电网示范工程保持正常运行，实现了馈线间分布式光伏电量转供，实现光伏发电就地消纳。2021年，白莲线全年光伏存在电力盈余的天数共计298天，示范工程投运后，经测算，光伏存在电力盈余的天数约为90天，下降约70%。

三、泉州石狮台区组微电网工程

（一）示范背景

泉州石狮沙堤村将在全村两千余户居民的屋顶安装光伏，目前光伏分布呈现“点多面广”的特点，预计三年内整村分布式光伏容量达到3MW。居民屋顶光伏绝大部分通过单相接入，导致台区三相不平衡、功率倒送等问题。

（二）技术方案

为解决上述问题与满足面向城区重要供电区域和直流用电需求，国网福建省电力有限公司提出在沙堤村构建低压台区组微电网，将分布式光伏接入带来的问题在台区层面解决，实现台区自治。

在沙堤村11、13、14号台区建设一套集中式全功率型三端柔直互联系统，构建基于柔直互联技术的台区型微电网，以解决大规模分布式光伏带来的三相不平衡、光伏高效就地就近消纳问题。在直流侧建设全功率储能系统，实现源网荷储协同运行、临时保供电、微电网离网运行等，泉州石狮台区组微电网工程柔直系统与储能装置如图5-10所示。

图5-10 泉州石狮台区组微电网工程柔直系统与储能装置

集中式柔直互联系统功率为3×630kW，将沙堤村11、13、14号三个台区进行柔直互联，并对三个台区进行智能化升级，实现台区运行状态的全场景感知，同时在景区停车场建设630kW/709kWh储能系统、3×60kW充电桩、20kW车棚光伏等直流负荷均直接接入柔直系统直流侧母线，实现多样化负荷接入管理；以能量管理系统作为台区组微电网的“大脑”，实现微电网各类资源灵活互动、协同运行。

（三）工程成效分析

台区组微电网已正常投入运行，解决了光伏就地消纳问题，实现台区负荷均衡，满足光伏与充电桩等直流负荷直接接入的需求。

集中式柔直互联系统投运前后沙堤村14号台区负荷曲线对比情况如图5-11所示，投运前最大负荷509.3kW，最大负载率80.8%，投运后下降了21.3%，最大负荷374.8kW，最大负载率59.5%。

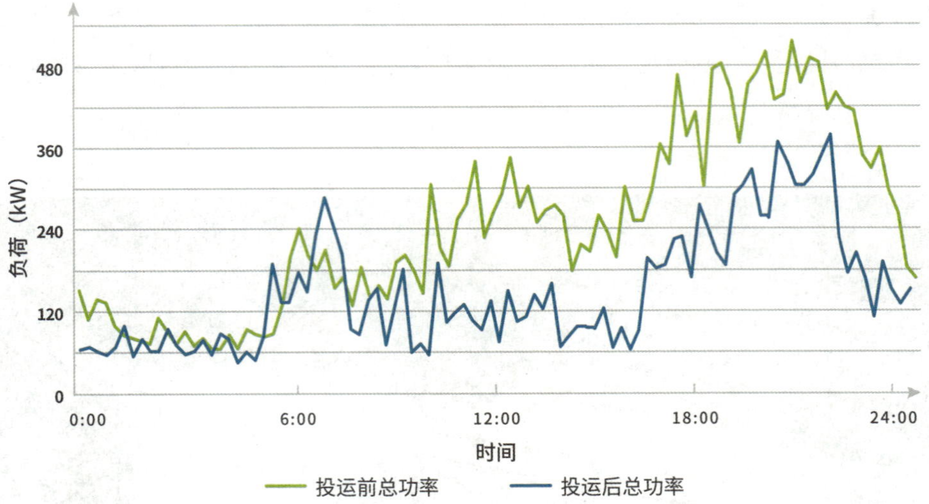

图5-11 柔直系统投运前后14号台区负荷曲线对比图

投运后沙堤村11号台区最大负荷提高了10.1%：最大负荷105.8kW，负载率16.8%；沙堤村13号台区最大负载提高了10.4%：最大负荷127.8kW，负载率20.2%。图5-12为台区负荷均衡策略启用效果图，可见在负荷均衡策略启用三个台区的负载率之差在5%以内。

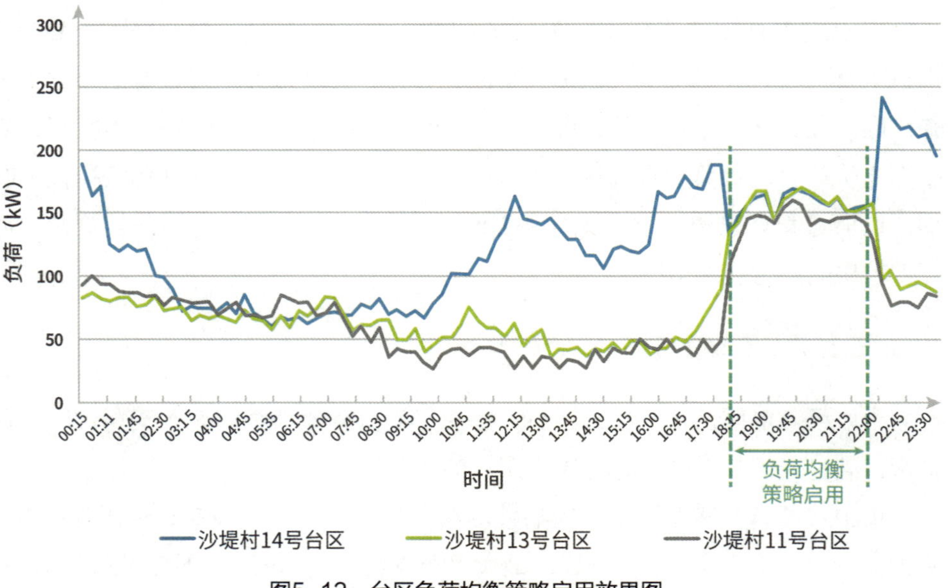

图5-12 台区负荷均衡策略启用效果图

第三节 储能应用示范

全国已有近30个省份出台了“十四五”新型储能规划，截至2021年底，全国储能装机规模达到4266万kW，其中新型储能装机626.8万kW，电源侧、用户侧、电网侧储能装机占比分别为49.7%、27.4%和22.9%。储能的建设与应用可平抑新能源的随机性、间歇性与波动性，有效加强电力系统调节能力建设，提升系统灵活性水平。

一、宁德霞浦百兆瓦级共享储能电站工程

（一）共享储能的应用模式

宁德霞浦百兆瓦级共享储能电站工程（简称霞浦储能电站工程）位于宁德市霞浦县长春镇渔洋里村，计划建设规模为200MW/400MWh，接入220kV电压等级，霞浦储能电站工程全景图见图5-13。霞浦储能电站工程采用共享储能模式设计，将单一实体储能电站按照标准化共享储能单元模块划分和管理，使得电站不局限于仅是作为单一独立主体参与市场，而是可以在同一时刻为多个发电企业、电网企业或综合能源服务商提供储能服务，提升储能电站利用率、扩展储能盈利渠道。

图5-13 霞浦储能电站工程全景图

（二）标准化储能单元设计方案

霞浦储能电站工程采用“共享储能+”应用模式，面对不同的服务对象、服务类型，能够提供分类、分时的共享储能服务，这就要求储能电站本身需要实现模块化共享储能单元设计，霞浦储能电站工程采用了标准化储能共享单元管理系统设计方案，标准化储能单元示意图见图5-14。

单一实体储能电站按照共享标准化储能单元模块进行分区协调控制，全站200MW/400MWh按模块化设计，划分为40套5MW/10MWh标准化储能单元。每套标准化储能单元由4组1.25MW/2.5MWh电池子系统、8台630kW的PCS、0.4/35kV升压变压器及相应汇流柜组成，配套标准化管理单元系统，各标准化储能单元出口升压变压器均设有关口计量点，可以实现各个单元的控制管理与独立计量，具备独立的有功和无功控制能力。

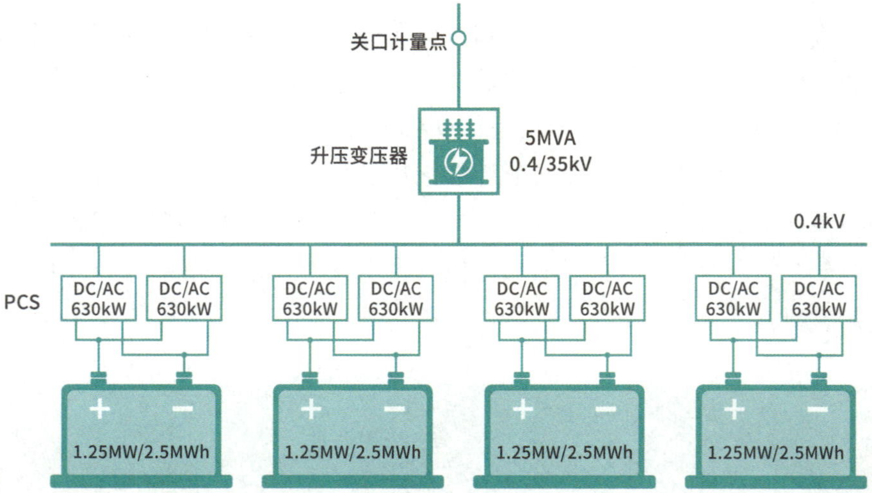

图5-14 标准化储能单元示意图

（三）基于区块链的共享储能交易结算

共享储能单元与不同服务对象之间在物理拓扑上弱相关、无关联性，并且大批量共享储能单元与服务对象之间交易结算错综复杂，因此共享储能与服务对象收益的结算分配方案是关键技术，霞浦储能电站工程拟采用区块链技术实现共享储能的交易结算。

通过搭建电网节点、风电/核电等清洁能源场站节点、霞浦储能电站节点等在内的联盟链网络，新能源场站与储能电站共享单元通过通信网络技术，共同完成电网调度等实时运行需求。储能节点上传储能数据至区块链中，各个节点通过区块链共识机制获取储能数据账本信息，在被授权情况下，可获得查看储能交易数据权限。储能电站节点分配若干个轻节点账户，每个储能共享单元绑定一个账户，通过储能电站节点实现上链存证业务，风电/核电等清洁能源场站同样分配若干个场站侧轻节点账户，通过场站节点上传发电情况。综上所述，利用区块链多重签名技术、智能合约技术，实现多个清洁能源场站与共享储能单元间的关联、交易与结算。

二、泉州南安翔云镇台区共享储能工程

（一）示范背景

泉州南安翔云镇因其地势海拔高，光照充足，在光伏扶贫、乡村振兴等国家政策驱动下，在低压台区接入了大量光伏。截至2021年底，翔云镇已接入分布式光伏11.89MW，占35kV翔云变电站容量的86.9%，超过2/3的配电变压器有分布式光伏接入。但高比例的分布式光伏接入山区农村低压配电网，带来了一系列问题，如光伏单相接入导致台区三相不平衡、分布式光伏接入点电压双向越限、光伏就地消纳困难等。

（二）技术方案

国网福建省电力有限公司提出建设多台区电池单元互联共享型储能系统，泉州南安翔云镇台区共享储能工程是国内首个多台区电池单元共享型储能系统，在多个台区分别配置储能单元，通过直流母线将其相连接，实现多台区电池资源共享。台区的能量管理以智能融合终端为核心，实现多台区能量的区域时空转移。多台区储能系统PCS互联，实现多台区共享储能系统PCS复用，可最大限度降低储能容量配置。通过自主研发的控制算法，解决台区电压越限、三相不平衡等问题，实现台区组分布式光伏高效消纳。

泉州南安翔云镇台区共享储能工程在翔云镇金安3号、金安4号、翔云5号、翔云6号等四个台区分别配置一套50kW/62.7kWh共享储能单元，通过直流母线连接四个台区电池单元，实现多台区电池资源共享，台区型互联共享储能单元如图5-15所示。

图5-15 台区型互联共享储能单元

工程示范建设选取的四个台区情况如表5-1所示。其中翔云5号台区负荷较大，无光伏电量倒送，金安3号、金安4号台区负荷较小，翔云6号台区负荷较大，三个台区光伏电量均无法在台区内消纳，存在光伏倒送现象。

表5-1 共享储能台区情况

台区	配电变压器容量（kVA）	光伏装机容量（kW）	光伏装机渗透率（%）
金安3号	100	80	80
金安4号	400	115.6	28.9
翔云5号	400	107	26.8
翔云6号	400	323.2	80.8

在工程投运前，光伏大发时6号台区存在电压越限情况，其典型日电压曲线如图5-16所示，可见翔云6号台区在白天光伏大发时台区电压范围为217～243V，电压越限，超过198～235.4V的电压质量合格范围。

图5-16　翔云6号台区典型日电压曲线

（三）工程成效分析

示范工程投运后选取典型日对系统数据进行分析，将共享储能系统投运前后台区负荷率进行对比，如图5-17所示。由图5-17左图可见，在典型日时，金安3号、金安4号台区与翔云6号负荷率为负，出现光伏倒送现象。由图5-17右图可见，由于启动共享储能系统后，金安3号、金安4号台区与翔云6号台区倒送的光伏功率可转移至翔云5号台区消纳，四个台区负荷率趋于均衡值。

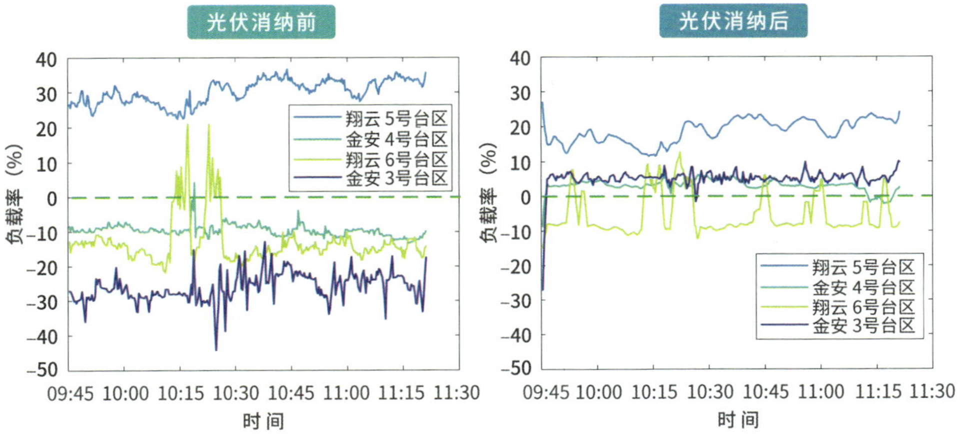

图5-17　共享储能系统投运前后台区负载率对比图

工程通过基于分相功率独立控制算法实现三相不平衡度治理。台区三相不平衡补偿前后对比如图5-18所示，金安4号、翔云5号台区在三相不平衡补偿策略投运后大大降低了三相不平衡度，三相不平衡度下降超过30%。

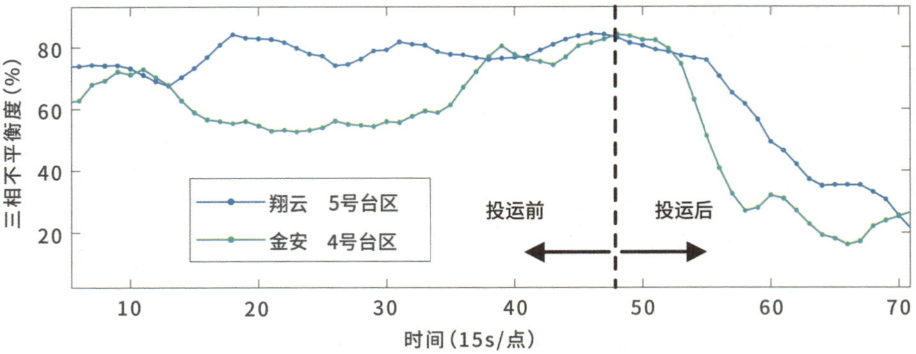

图5-18　台区三相不平衡补偿前后对比

三、丰宁抽水蓄能工程

丰宁抽水蓄能电站位于河北省承德市丰宁县，紧邻京津冀负荷中心和冀北千万千瓦级新能源基地。丰宁抽水蓄能电站装机规模居世界首位，共安装12台单机容量300MW的水泵水轮机/发电电动机组，总装机容量3600MW，年设计发电量66.12亿kWh，年抽水电量87.16亿kWh，以4回500kV线路并入张北柔性直流电网和华北电网，是抽水蓄能电站首次接入柔性直流电网。丰宁抽水蓄能电站下水库如图5-19所示。

电站有力支撑“外电入冀”战略，缓解“三北”（东北、华北、西北）地区弃风、弃光困局，更好地消纳跨区清洁能源，在京津冀电网中担负调峰、调频、调相、储能、系统备用及黑启动任务，产生重要的经济、社会和环境效益。丰宁抽水蓄能电站在国内首次采用了大型变速抽水蓄能机组技术，除了具备定速蓄能机组的功能，还具有提供频率自动控制容量、实现有功功率的高速调节、水泵入力在一定范围内连续可调以及提高机组运行的稳定性和效率等优点。相比定速机组，变速机组能够更有效地服务于电网。

图5-19 丰宁抽水蓄能电站下水库

四、安徽六安兆瓦级氢能综合利用示范站

氢能是一种来源丰富、绿色低碳、应用广泛的二次能源，正逐步成为全球能源转型发展的重要载体之一。从国际看，全球主要发达国家高度重视氢能产业发展，氢能已成为加快能源转型升级、培育经济新增长点的重要战略选择。我国氢能产业仍处于发展初期，相较于国际先进水平，仍存在产业创新能力不强、技术装备水平不高，支撑产业发展的基础性制度滞后，产业发展形态和发展路径尚需进一步探索等问题和挑战。基于燃料电池技术，氢能未来将成为支撑可再生能源，如太阳能、风能大规模利用的理想能源媒介。

安徽六安兆瓦级氢能综合利用示范站位于六安市金安经济开发区，由国网安徽省电力有限公司投资建设，额定装机容量1MW，占地面积7000余m^2，主要配备兆瓦级质子交换膜制氢系统、燃料电池发电系统和热电联供系统、风光可再生能源发电系统等，是国内首次对具有全自主知识产权“制、储、发”氢能技术的全面验证和工程应用。2019年，六安开始规划建设46万m^2氢能产业园区，主要开展氢燃料电池的研发和生产，综合示范站选址在六安，在利用可再生能源制氢的同时便于就地售氢。2022年7月6日，综合示范站正式投运，成为国内首座兆瓦级氢能综合利用示范站，标志着我国首次实现兆瓦级“制氢—储氢—氢能发电”的全链条技术贯通，示范站如图5-20所示。该示范站年制氢可达70余万Nm^3（Nm^3为0℃ 1个标准大气压下的气体体积单位）、氢发电73万kWh，对于服务新型电力系统建设具有重要示范引领作用。氢储能是电解制氢、储氢、用氢三者结合，可实现可再生能源最大限度储存和利用，有效解决电力不易长期储存的问题。综合示范站所制氢气可在氢燃料电池车、氢能炼钢、绿氢化工、氢能发电调峰等领域广泛应用，增加电力系统的灵活性与可再生能源利用率，实现全发电周期的绿色清洁。

图5-20 安徽六安兆瓦级氢能综合利用示范站

第四节 多能互补示范

以风电、太阳能发电为代表的新能源出力受天气影响较大，存在间歇性、随机性与波动性的问题。大规模新能源接入将给电网带来冲击，同时带来新能源消纳与送出的问题。多能互补集成优化示范工程往往利用水能、火电等存量常规能源，合理配置储能，推进源网荷储一体化，通过梯级水电站、火电机组与储能设施的调节能力，平滑新能源处理曲线，减轻受端系统的调峰压力，提升可再生能源的综合利用率，减少弃风弃光现象。

一、闽江流域多能互补

闽江是福建省内最大的河流，水系主干全长562km，流域面积60992km^2，约占福建全省面积的一半。闽江流域从福建省西北流向东南，流经三明、南平、宁德、福州等市，是福建水路交通的大动脉。

风、光等新能源发电的波动性和间歇性问题将随其在电源结构中的占比增长而日益凸显，亟须包括抽水蓄能、新型储能等大量调节灵活性强的电源支撑电网在确保安全性前提下提升新能源的消纳能力，并提升全网的经济性。福建水能资源丰富，进一步挖掘水电的调蓄潜力，通过多能互补的方式是因地制宜的经济、有效的解决途径之一。闽江流域多层级多能互补示范区将充分利用闽江流域梯级水电站群巨大的储能资源和多尺度调节的灵活性作用，集成应用大云物移智和5G通信技术，再造水电功能，使其成为福建电网的清洁供能调节池，建设以多能互补清洁供能调节池为中心，打造多能互补清洁供能调节池、水新集控建设与“电动闽江”电动船舶充换电基地等三大示范，闽江流域多层级多能互补示范区示意图如图5-21所示。

图5-21 闽江流域多层级多能互补示范区示意图

在多能互补清洁供能调节池示范中建设基于网源协调的多层级多能互补协同控制系统，开展分层级多能互补协同优化运行策略研究及应用，进一步挖掘水电的调峰等价值，推进闽江流域水电由“电源供应者”转变为“电源供应者+

储能调节者”。

在水新集控建设示范中通过建设水新集控系统，打造对中小水电站群和风、光等电源的“生产运营多元一体、能源互补高效协同、产业管理集约智能”的运营管理模式，实现小水电和风、光的可观、可测、可控，并研究基于地域的可再生能源群的聚合模式和分布式电源主动参与响应的电源侧调控方式。

在“电动闽江”电动船舶充换电基地示范中开展闽江流域电动船舶充换电站布局规划及充换电设施试点示范建设，为推广建设开展通用性研究；依托闽江流域分层级多能互补建设及区域清洁能源资源，建设“全绿电”微电网，打造闽江“绿色航线”。闽江流域图如图5-22所示。

图5-22 闽江流域图

通过构建新一代水新集控平台，实现对闽江流域大中小型水电站远程集控和能源托管。利用网格气象数据预报模型，实现高精度的中短期径流预报，优化流域梯级水电站的发电调度，年均节水增发超8亿kWh。

结合北斗定位、5G通信、数字孪生等技术构建智慧航运系统，打造闽江全场景感知体系，实现通航效率提高40%，建成“电动闽江”首个电动船舶充电示范基地。

为发挥闽江流域多能互补能力，将流域水电站分层级聚合形成清洁供能调节池，与全省风电形成水风互补，消除风电带来的波动性、随机性、间歇性等不利影响，增加清洁能源消纳约4.8亿kWh。

二、四川阿坝州小金县小金川梯级水光蓄互补联合发电系统

四川阿坝州小金县小金川河流域已建成9座水电站，均为小水电，都面临弃水问题，丰水期有30%～50%的水电被弃掉，这也是四川大多数小水电站面临的共性问题。

2022年5月13日，四川阿坝州小金县小金川梯级水光蓄互补联合发电系统正式投产，标志着全球首个梯级水光蓄互补电站投运。该项目利用已建成的木坡、赞拉、猛固桥三个梯级小水电以及周边分布式光伏电站，在原有春厂坝水电站厂区内，新安装1台装机容量0.5万kW的抽水蓄能机组，形成“19.5万kW水电＋5万kW光伏＋0.5万kW抽水蓄能”的梯级水光蓄互补联合发电系统示范工程，小金县小金川河流域水电站如图5-23所示。

四川阿坝州小金县小金川梯级水光蓄互补联合发电系统是由国网四川省电力公司牵头承担的国家级科研项目——分布式光伏与梯级小水电联合发电技术研究与应用示范的项目成果，是研制、研究成果的集成应用平台，其主要作用包括储能、电源频率调节和电压稳定、提高电源电量消纳能力，提高系统接入电网能力。春厂坝抽水蓄能电站是四川阿坝州小金县小金川梯级水光蓄互补联合发电系统的重要组成部分，拥有国内首台变速恒频可逆式抽蓄机组。长期以来，弃水、弃光、弃风问题困扰可再生能源发展。该项目投运后，预计每年可

图5-23 小金县小金川河流域水电站

增加水电消纳量975万kWh，为多个流域梯级水电站提升可再生能源利用率提供了可借鉴、可复制的工程实例。

三、杭州钱塘多能互补零碳柔直示范工程

杭州钱塘多能互补零碳柔直示范工程，利用柔性直流技术实现了交直流之间互供互济，因地制宜开展分布式光伏发电、风力发电及储能一体化建设，辅以有源配电网群调群控技术。与传统能源相比，分布式电源具有间歇性、随机性和波动性的特征，对电网的安全可靠运行产生了一定的冲击。风光储一体化建设不仅能促进风光资源就地利用，还能发挥电网调峰、调频和调相等作用，有效抑制随机性冲击，提升配电网的稳定性、可靠性及接纳分布式电源的能力。该工程采用直流配电网供电方式，建设120kW快速直流充电桩，由风光能直流电直接供电，可节省2次交直转换的能量损耗，提高约40%的能量利用效率。杭州钱塘多能互补零碳柔直示范工程呈现出一套完整的新型电力系统直流配电网应用场景，打造了一个具有可复制、可推广性的区域绿色零碳供能“杭州样板”，示范工程图如图5-24所示。

图5-24　杭州钱塘多能互补零碳柔直示范工程

第五节 配微电网示范

单相逐级输电的传统电网在新能源大规模接入后将发生转变，其中配电网中将大量接入分布式电源，形成有源配电网，局部将形成微电网。微电网分为并网型微电网和独立型微电网，可实现自我控制和自治管理。并网型微电网既可以与外部电网并网运行，也可以离网独立运行；独立型微电网不与外部电网连接，电力电量自我平衡。

微电网存在两种典型的运行模式：①正常情况下微电网与常规配电网并网运行，称为联网模式。②当检测到电网故障或电能质量不满足要求时，微电网将及时与电网断开而独立运行，称为孤岛模式。两者之间的切换必须平滑而快速。微电网相对于外部大电网表现为单一的受控单元，并可同时满足用户对电能质量和供电安全等方面的要求。微电网内部的电源主要由电力电子器件负责能量的转换，并提供必要的控制。

从应用场景上来说，并网运行的微电网主要集中于城市电网当中。离网运行的微电网主要集中于海岛、西北偏僻地区以及山村等环境相对恶劣、用电条件不便的地区。

一、厦门智慧友好新型柔性配电网示范工程

该示范工程依托国家电网有限公司科技项目，以集新型储能于一体的配电网柔性换流系统为技术路线，打造交直流柔性互联、光储充一体化、源网荷储协同控制、用能场景多样高效的智慧友好新型柔性配电网，助力能源低碳转型。

为有效解决现有配电网辐射状、开环运行所导致的可靠性不高、不同馈线之间负荷不均、风电和光伏等多种分布式能源难以大规模接入等技术难题，该工程创新性融合柔性换流技术和新型储能技术，提出在模块化多电平换流器的子模块中增加分散储能单元的新型子模块结构，并以此构建集新型储能于一体的配电网柔性换流系统，储能型柔性换流系统结构示意图如图5-25所示，示范工程接线图如图5-26所示。

图5-25 储能型柔性换流系统结构示意图

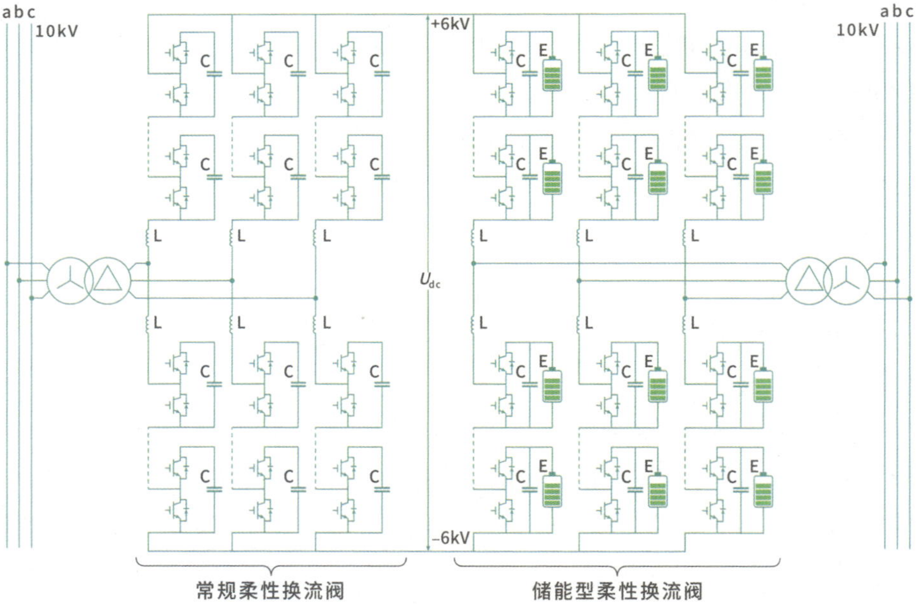

图5-26 厦门智慧友好新型柔性配电网示范工程接线图

该工程在厦门同安区同吉开关站示范应用，集新型储能于一体的配电网柔性换流系统，额定输出功率8MW，储能容量8MWh。柔性换流系统应用场景示意图如图5-27所示，通过该示范工程将实现不同220kV供电片区柔性合环运行，功率互济互备，具有潮流灵活调控、分布式电源高效消纳、用电品质提升、电力可靠供应等功能，为柔性数字化配电网建设提供“一站式”解决方案，提高配电网的适应性、可靠性以及数字化、智能化水平，更好支撑新能源科学高效开发利用和多元负荷友好接入。

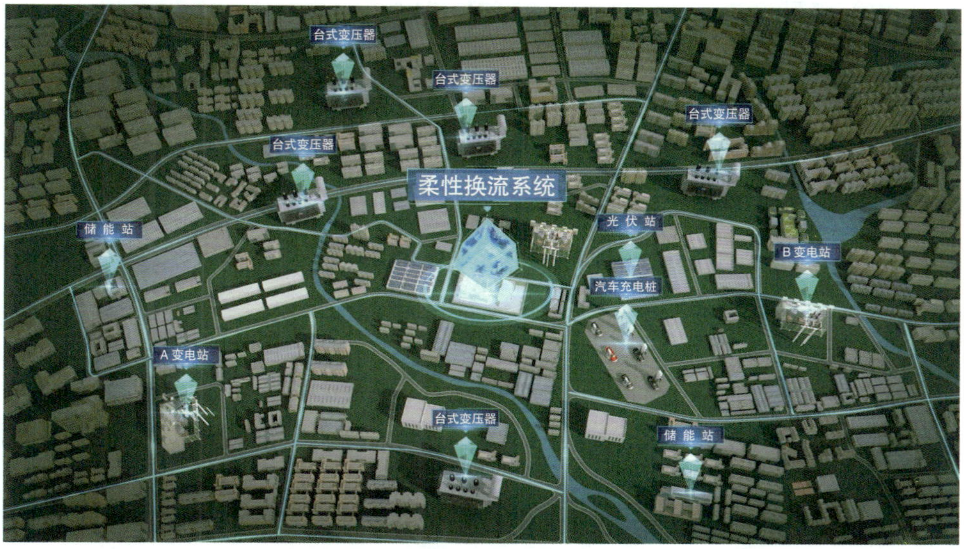

图5-27 柔性换流系统应用场景示意图

二、西安特变电工光储充微电网示范工程

特变电工在西安产业园投运基于两部制电价需求响应的工业园区光储充微电网示范工程，示范工程包含2MWp的光伏发电系统，1MW/1MWh储能系统和960kW的电动汽车充电桩，实现了特变电工自主研发的能量管理系统、储能系统以及虚拟同步机的示范运行，示范工程如图5-28所示。

该工程首次在工业园区微网中引入基于两部制电价的需求响应技术及经济优化算法，可实现“基础电费+电度电费”双重降费。通过功率型及能量型需求侧响应、储能系统功率及能量支撑，优化园区广义负荷曲线，实现光储充一体化管理，赚取峰谷电价差、节省基础容量费，年均可降低基础容量10%，额外提升12%的光伏自发自用电量。该示范工程可提供需求响应、联络功率控制、孤岛运行、低碳环保等定制化运行模式，并提供分时电价管理、需量电费管理、辅助服务奖励、柴油替代等多种盈利模式。

图5-28 西安特变电工光储充微电网示范工程

三、宁德西洋岛弱联络型海岛微电网示范工程

（一）示范背景

西洋岛位于福建省宁德市霞浦县东南海域，由宁德霞浦通过单回10kV海缆向其供电，受台风、雷暴等极端天气及往来船只作业等影响，海底电缆容易发生故障，2018年以来，该海缆累计发生5次故障，每次故障平均持续时间达11天，给岛上居民生活带来极大不便，也给西洋岛旅游业带来一定负面影响。

（二）技术方案

国网福建省电力有限公司提出在西洋岛配置新能源发电机组和电化学储能装置，建设具备孤岛运行能力的微电网，其系统架构如图5-29所示，系统设备如图5-30所示，主要包括新增3台单机容量为2.0MW的风电机组和1个10kV开关站。风电机组采用“一机一变”单元接线方式，风机经箱式变压器升压至10kV后，经集电线路输送至10kV开关站。10kV开关站采用无人值守的方式，所有设备均采用预制舱。开关站内配置储能规模1MW/2MWh储能预制舱，在预制舱上安装光伏发电设备，光伏总装机容量为20.74kW。光伏采用2台10kW逆变器汇集后接入0.4kV母线。

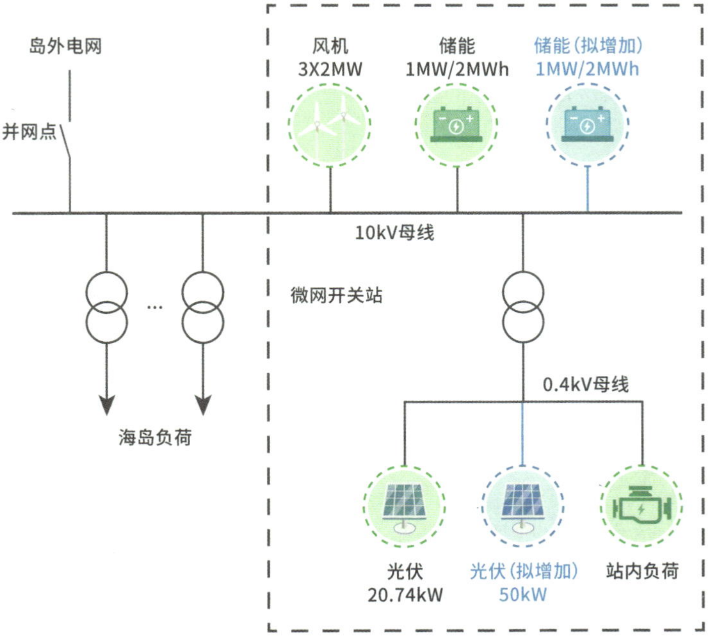

图5-29 宁德西洋岛弱联络型海岛微电网示范工程系统架构

图5-30 宁德西洋岛弱联络型海岛微电网示范工程系统设备

（三）工程成效分析

2022年5月29日，完成福建省内首个海岛微电网“黑启动”试验并实现离网持续稳定运行，微电网具备依次进行储能系统带空载配电变压器零起升压、重要负荷恢复供电、风电机组有序启动、普通负荷恢复供电的能力。“黑启动”过程中，从储能启动到母线建压完成时间为370ms，已实现小时级人工恢复全岛负荷供电，将通过自动化提升改造实现分钟级恢复供电。并网运行下，微电网电量自给率高，受电量降低至建设前的23.28%；离网运行下，以4h为一个时段，考虑风—储联合供电，重要负荷电力缺额时段比例为12%，全岛负荷电力缺额时段为29%，配合柴油发电机组，可实现西洋岛离网运行时可靠供电。

四、江苏开山岛离网型海岛智能微电网示范

江苏开山岛远离陆地，四面朝海，一度无水无电，“时代楷模”王继才、王仕花夫妇曾在此为国守岛30多年。近年来，江苏省不断推进开山岛离网型海岛智能微网工程建设，该工程具有状态全面感知、信息高效处理、应用便捷灵活等特征。在正常情况下，光伏、风电日均发电量约420kWh，可完全满足全岛正常用电需求。在台风、暴雨等极端情况下，660kWh储能设备和50kW备用柴油发电机，也可保障全岛3天的正常用电。同时，岛上的海水淡化设备日产水量近10t，彻底解决了守岛民兵及上岛参观学习人员的日常用电用水需求。开山岛离网型海岛智能微电网现场如图5-31所示。

图5-31　开山岛离网型海岛智能微电网现场图

第六节 需求侧响应示范

随着新型电力系统建设，传统电网源随荷动的平衡模式已无法适应新能源、储能、源荷双向特性的负荷大量接入电网的稳定运行要求，催生了源网荷储协同互动的平衡模式。在新的平衡模式中，负荷侧资源参与电网调节的作用愈发重要，然而近年来负荷快速增长、负荷类型多样化，除了传统居民用电、工商业用电等刚性负荷，还出现了楼宇空调、电动汽车充电桩、V2G充电桩等柔性负荷，以及负荷侧的蓄热、蓄冷、蓄电池等储能资源，大量负荷的接入对电网调度及配电网稳定性带来了新的挑战，同时也为电网调节提供了新的手段。因此，开展需求侧响应示范，探索负荷聚合、邀约响应、直调直控等需求侧响应方式，有助于提升电网灵活调节能力。

一、厦门虚拟电厂

（一）示范背景

厦门地区属于典型的受端电网，受制于外供线路容量的限制，负荷的快速增长加剧出现用电缺口的风险。同时岛内电动汽车保有量大，且增速较快，V2G充电桩也逐步建设，此外空港陆电、港口岸电、集中供冷能源站等典型负荷共存，多元负荷特性多样，具备协同互补、提高系统负荷弹性的基础条件。

（二）技术方案

虚拟电厂平台功能定位为各负荷聚合商的管控平台，负荷聚合商通过平台接入、就地布置虚拟控制终端等手段，聚合各类可调节负荷资源，依托虚拟电厂平台对其聚合的空调、充电桩、储能、辅助生产设备等可调节负荷资源通过远程规约进行互联调控。依托厦门虚拟电厂平台建设，打通平台与厦门配电管理系统（distribution management system，DMS）、区块链交易功能之间的交互接口，打造具有开放接入、灵活扩展、精准调控能力的虚拟电厂平台，虚拟电厂平台技术架构如图5-32所示。

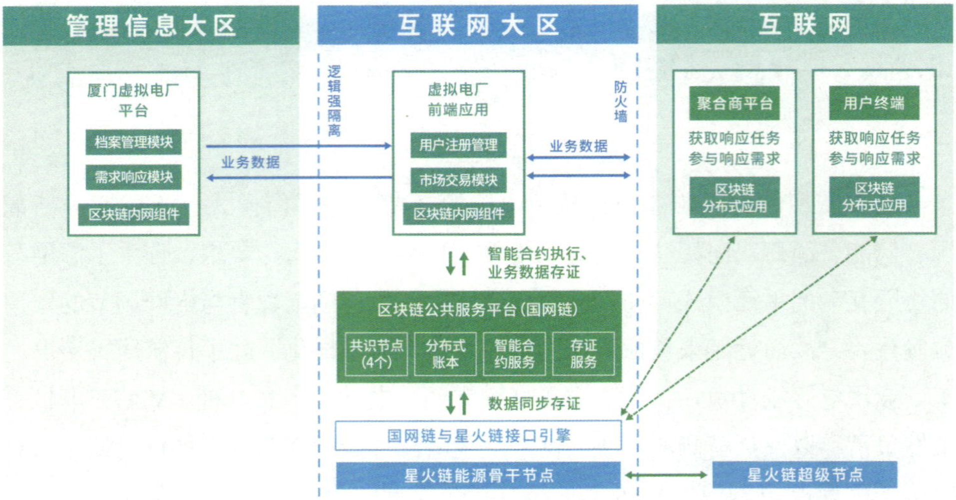

图5-32 虚拟电厂平台技术架构

未来推动聚合商加强自身负荷聚合建设，开展可调、可控负荷运营，探索开展虚拟电厂平台负荷聚合商常态化运营，支撑省级、市级需求响应调控能力。同时，推动适合用户侧需求响应的机制体制创新，鼓励用户侧多元负荷在市场机制下，积极参与需求响应，支撑厦门虚拟电厂聚合模式的需求响应规模化、可持续性建设。

（三）工程成效分析

厦门虚拟电厂平台拟接入音乐岛酒店、观音山电力大厦、国网厦门供电公司大楼蓄电池、商业楼宇、大型商场、电动汽车充电站、屋顶光伏、储能等多元聚合资源，形成需求响应邀约及可中断负荷直控模式，以合理的市场机制充分调动负荷资源参与电网调节，提升电网灵活调节能力，同时满足电网和用户的利益。

二、深圳虚拟电厂

广东深圳自动化虚拟电厂系统部署于深圳110kV投控变电站内，于2020年10月26日进入试运行，据悉是全国首套自动化虚拟电厂系统，入选国际虚拟电厂典型案例，深圳虚拟电厂平台如图5-33所示。

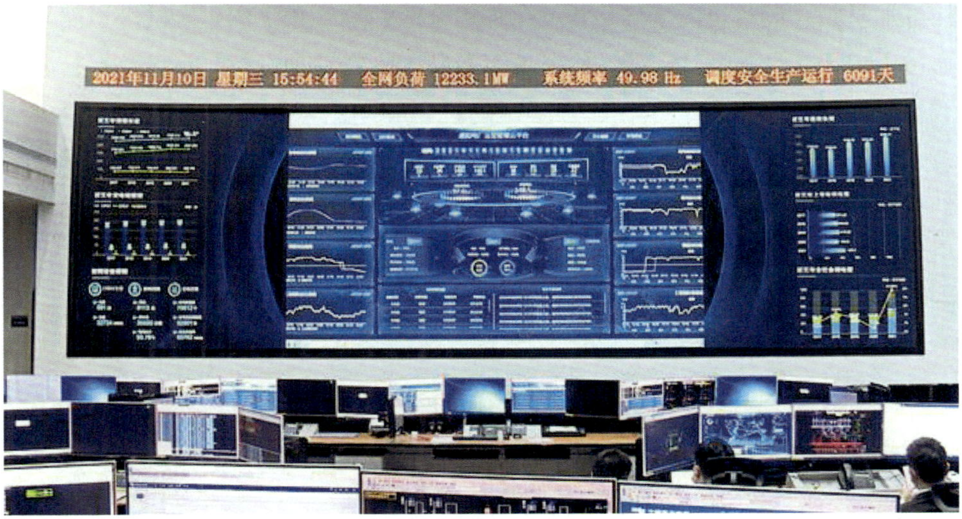

图5-33 深圳虚拟电厂平台

整套系统采用“平台+终端”的原型机系统架构，平台部分包含SCADA服务器和应用服务器，根据可调资源运行状态开展实时优化计算及控制。智能终端部分采集分布式能源资源的运行数据，打通中小型分布式能源与调度的通信及调控，可在1s内快速完成优化计算和指令下达，能准确响应调度指令，实现系统的闭环、实时在线、全自动运行。

该示范项目试点接入深圳湾科技（生态园Ⅲ区）、普天新能源（深圳民乐充电站和福田枢纽充电站）、欣旺达光明工业园微电网3家外部用户，未来市内多个区域约20MW的客户灵活电力资源将陆续接入虚拟电厂，通过利用空调负荷、电动汽车充电负荷、分布式电源与储能等可控资源，重点解决削峰、调频、电压优化等方面问题，并探索节能监测、资产管理、节能建议等增值服务。

第七节 数字孪生电网示范

具有随机性、间歇性、波动性特征的分布式能源快速增长，储能、V2G等交互式能源设施以及其他多种能源基础设施广泛接入，使得电力系统呈现出结构更加复杂、设备更加繁多、技术更加庞杂的趋势。数字孪生电网应运而生，通过虚拟现实交互激活电网、设备的多源数据，特别是运行时空大数据，通过数据挖掘，提供高维、量化、多层次的视角辅助运营调控相关决策。虚实结合，实现电网虚拟、现实空间的实时动态映射。简而言之，数字孪生电网就是针对复杂的电网场景，通过创造虚拟空间来运行生产过程的模拟，识别和分析出如何更高效、更安全地完成工作。从电力行业的特征来看，在电网全流程都有较大应用潜力。

一、福州长乐滨海新城数字孪生电网

（一）示范背景

福州长乐滨海新城核心区现有变电总容量为752MVA；10kV线路总长度438.70km，线路电缆化率为40.19%；已建成智能化配电站房产业园4号开闭所，自动化覆盖率率100%。滨海新城核心区已实现“高可靠，零闪动，快自愈”的供电需求，具备开展新型电力系统数字孪生示范建设的良好基础。

（二）技术方案

按照“底层统一、成果复用、共享开放、实用实效”的原则，数字孪生电网建设在整合国家电网有限公司现有企业级中台资源基础上，打造企业级“数字孪生服务中心”，形成孪生体构建、孪生体仿真、孪生体运行三大服务和N个组件，依托技术中台发布，支撑各专业多时间尺度的数字孪生体构建、仿真、运行，响应差异化的仿真预测需求，提供自学习、强训练、可迭代的滚动算法，并将模型、算法封装下沉，构建边缘终端数字孪生自治能力，持续提升公司业务数字化、可视化、智能化水平。数字孪生服务作为技术中台的一部分，与业务中台、数据中台以及物联管理平台的关系（福州长乐滨海新城数字孪生电网技术框架）如图5-34所示。

相关业务系统、物联管理平台、业务中台、数据中台以及人工智能平台共同承担了数字孪生电网与物理电网之间信息沟通桥梁的角色。

（三）工程成效分析

全面打造滨海新城数字孪生电网先进示范，以110kV四站变电站、百户

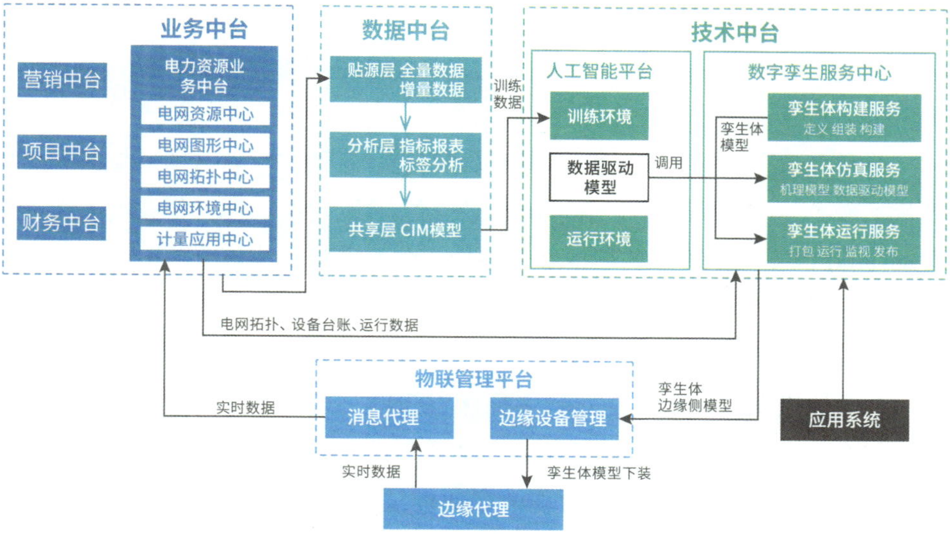

图5-34 福州长乐滨海新城数字孪生电网技术框架

变电站为中心扩展数字孪生电网示范建设范围，向上延伸至相邻的5条110kV线路，向下拓展至10kV的中压配电30条线路，以及沙尾村1台区等113个公用台区。

推进企业级数字孪生服务中心建设，沉淀孪生体构建、仿真、运行三大服务，全面形成电网生产全过程的“设备—单元—系统”孪生模型，推进规划、建设、运行、服务等四类典型应用场景微应用建设，完成电网建设三维模型的全寿命周期管理、沙盘式抢修指挥和网格服务、分布式电源并网数字化服务、新型电力系统建设规划仿真等数字孪生应用场景落地实施，为滨海新城电网规划、建设、运行、管理提供高质量的数字孪生服务，推动滨海新城电网向新型电力系统的演进。

二、南方电网智瞰平台在配电网领域典型应用

南方电网智瞰平台是南方电网有限责任公司实现“全网一张图”的门户及应用，是基于南方电网有限责任公司数字化技术基础平台和数字孪生技术，融合地理、物理、管理和业务信息，建立动态鲜活电网，提供灵活组合共享服务模式，快速响应上层业务应用的平台。该平台融合了关系、图、三维的电力领

域数据建模技术，构建了覆盖设备全要素、全时空的数字化模型，覆盖源网荷储，支撑全域物联的透明管理，南方电网配电网业务数字化管理架构如图5-35所示。

南方电网智瞰平台累计接入地理要素超245万条，管理源网荷储2000多种设备类型，共1.2亿台设备设施、超10亿设备台账，接入约570亿条实时数据，实现186万台配电变压器负荷精细化管理、分界点精益线损分析。上线配电网规划、线损异常分析等9个典型应用场景，支撑配电网规划、电网管理平台、智能台区等13套业务系统图形应用。

以深圳供电局配电全链路数字化探索为例，其依托南网智瞰平台，打通配电网全链条业务视图，实现数字化电网全景、网格化智能规划、智能化台区监控和透明化停电全过程管理，有效促进了配电网管理全链条数字化转型。同时深圳供电局通过融合管理信息、自动化、在线监测和外部数据4大类数据，贯通500kV到300V的电网拓扑，实现了配电网状态、运行、资源等数据的全贯通，有效促进了配电网规划、运行运维和客户服务等业务全链条的横向协同。

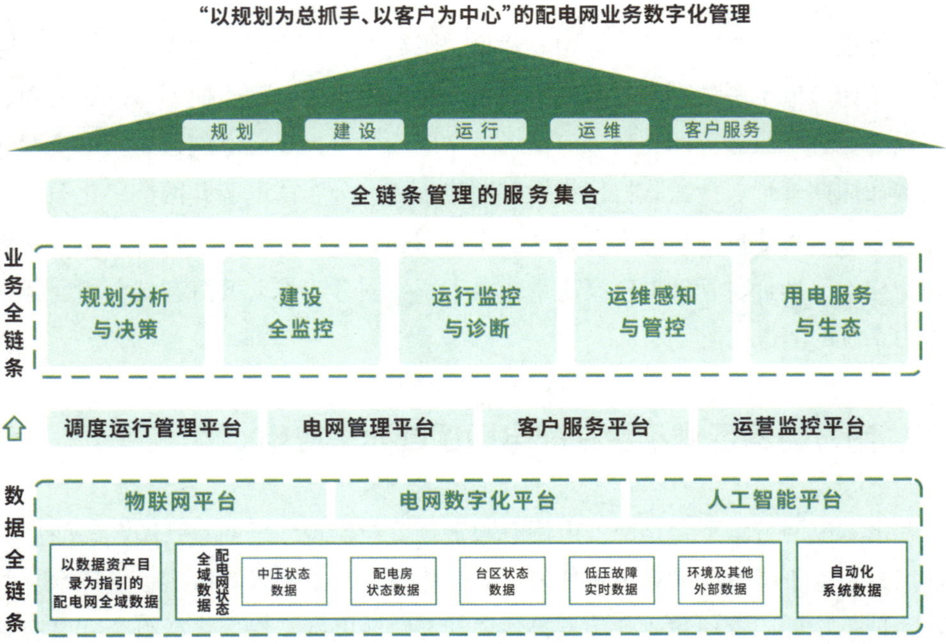

图5-35　南方电网配电网业务数字化管理架构图

三、新型电力系统主网数字孪生示范

电网三维数字化是南方电网“十四五”期间电网的数字化基础设施，目前已建成南方电网110kV及以上主网数字孪生，形成新型电力系统数字主网架示范。主要分为输电领域和变电领域的主网数字孪生示范。

南方电网目前已完成110kV及以上架空输电线路与变电站图形、台账、拓扑等信息治理，76万基杆塔、4794座变电站坐标准确率达99%；西电东送“八交十一直”直流输电线路约1.5万km，佛山供电局、汕头供电局全局35kV及以上架空输电线路约7000km，从±800kV换流站到35kV变电站19座试点变电站的三维数字孪生建设。

而变电站的数字孪生建设示范可以220kV大英山数字孪生变电站为例，是基于统一数字电网模型开展的物理电网孪生数字电网实践典型案例，全面融合海南数字电网平台，实现生产运行状态实时在线测量，物理设备、控制系统和信息系统的互联互通。同时贯通主配网动态拓扑，支撑全电压等级全链路的电网拓扑分析。

数字孪生变电站部分主设备模型设计如图5-36所示。从企业级全局出发，统筹兼顾各部门视角及需求，统一设计，消除冗余，加强协同，实现资产全生

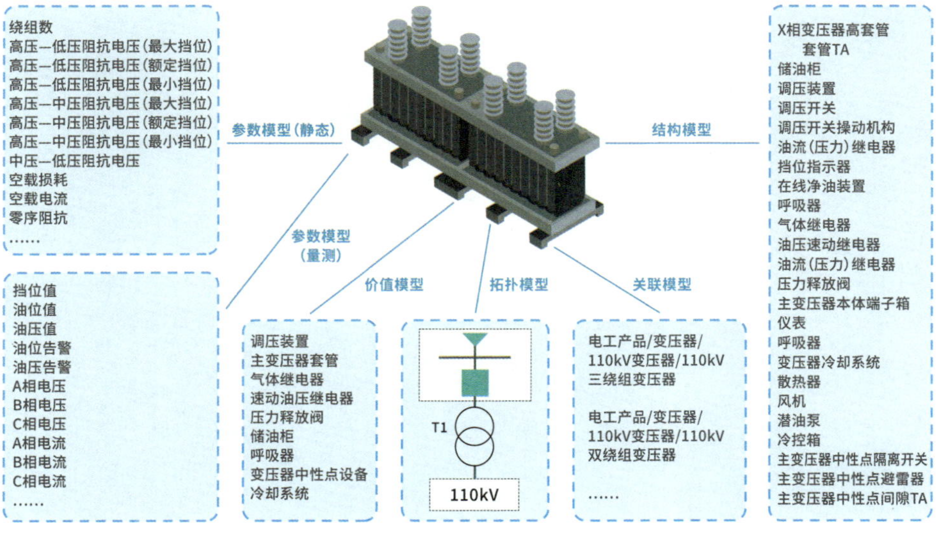

图5-36 数字孪生变电站部分主设备模型设计

命周期信息贯通共享。依据模型层级与设备、部件颗粒度分类，对每个配电区域、间隔、一次设备、隔离开关和短路器等进行设备实例化，通过相应的编码和电气一次主接线图，实现量测数据实例化。相关数据统一汇聚到南方电网有限责任公司数据中心，形成数据的统一入口、存储、出口。采用三维Web端三维可视技术，重构立体孪生世界，实现变电站生产设备、调度运行融合管理。

电力电量预测技术

多时空尺度负荷预测技术

区域电量中长期负荷预测

式新能源功率预测技术

提升关键技术

热协同供能关键技术

排定量分析及评价技术

化实现路径推演

高效利用关键技术

供需互动技术

源的全景感知平台

交易决策与精准调控技术

商业模式

能源服务关键技术

提升策略

技术

模式

一 集中式大容量储能系统集成与控制保护关键技术

1.集成模块化多电平换流器的新型储能系统技术
2.大规模电池储能电站全过程安全防控关键技术
3.构网型储能电站主动支撑电网运行控制技术
4.集中式储能电站系统级保护与控制保护协同策略

二 分布式储能集群聚合与智慧调控关键技术

1.分散布局储能集群聚合技术与优化调度策略
2.规模化储能与新能源联合优化运行和主动支撑控制技术
3.分布式储能在高比例光伏县域配电网的布局优化和协同控制技术
4.基于规模化储能协同的电网安全稳定控制技术

三 氢储能等多种形式储能技术深化应用

1.规模化海上风电制氧储能及与电网互动关键技术
2.分布式变速抽水蓄能及与电网协调规划关键技术
3.面向电力系统多时间尺度调节需求的电—热—氢储能互补应用

四 新型电力系统下储能市场机制与商业应用

1.集中式储能参与电力现货市场及辅助服务市场的交易机制
2.电网侧储能价格疏导机制及综合供电成本评估
3.基于区块链的共享储能市场化交易模式与商业运营

一 适应电网数字化转型的人工智能技术

1.多场景人工智能图像识别技术
2.基于多源数据驱动的设备状态分析技术
3.面向稀疏测量的多源配电网状态推演和优化决策
4.增强边缘智能与云边协同技术

二 极端环境下电力系统防灾减灾技术

1. 应对极端事件的电网韧性提升技术
2. 面向多重耦合灾害的电网运行风险监测预警技术
3. 极端环境下电网的应急处置和快速复电技术
4. 结合新材料与设备主动防护的电力系统防灾新技术

三 服务新型电力系统的电力市场关键技术

1.碳—电—证市场衔接关键技术
2.计及电力市场环境的机组组合策略
3.新型容量市场设计与调控机制
4.新兴市场主体市场交易及运行机制
5.电力市场全场景模拟推演平台研发

负荷
特性

储能应用
新场景

综合技术
新赋能

力系统
究框架

术研究框架思维导图

附录　新型电力系统技术研究框架思维导图

一 新能源涉网特性测试与评估技术

1.新能源涉网关键性能测试与评估技术
2.新能源场站宽频振荡风险评估技术
3.海上风电机组全工况模拟及并网试验技术

二 新能源主动支撑型控制技术

1.新能源机组自同步电压源型控制技术
2.新能源场站多自同步电压源协调控制技术

三 多类型电源灵活性能力建设运行技术

1.电源侧灵活性调节能力提升技术
2.新能源置信容量评估及提升方法

四 省域新型电力系统多能互补与协同运行技术

1.高比例新能源电力系统精细化生产模拟技术
2.面向网源协调的多能协同运行技术
3.含高比例新能源的多源协同运行与规划方法

一 规模化新能源并网消纳提升技术

1.规模化新能源承载能力评估及提升方法
2.规模化新能源并网送出关键技术

二 大电网稳定运行分析与控制技术

1.高比例电力电子化的电力系统稳定机理
2.高比例电力电子化电力系统的安全防控策略

三 分布式电源高渗透接入的配电网协同控制技术

1.基于区域自治与分层分级协同的新型有源配电网控制架构
2.分布式电源多时间尺度集群控制技术
3.分布式电源高渗透接入的配电网实时仿真测试技术

四 分布式电源高渗透接入的多场景智能配微网技术

1.基于柔直互联的台区组智能微电网技术
2.基于共享储能的台区组智能微电网技术
3.多端互联低压柔性微电网技术
4.海岛微电网应急场景下运行控制技术
5.基于柔直互联的馈线组智能微电网技术

五 配电网跨专业资源协同及数据共享技术

1.基于云边协同技术的配电网中低压联动工作机制
2.配电网业务资源高效协同技术
3.配电网多专业数据互操作和信息反馈管控技术

一 电力市场环境下新型

1.基于新型深度学习算法的
2.基于高频度电量数据的
技术
3.基于数值天气预报的分布

二 电能替代及能效

1.建筑与工业领域电—光-
2.面向电能替代的企业碳
3.面向多元异构的城市电

三 需求侧资源多元互动

1.新型电力系统下能源电力
2.面向海量微众源网荷储资
3.多元市场下的充放电负荷
4.计及碳减排的源荷互动与

四 "电—碳"市场综合

1.区域绿色电力量化评估和
2.绿色电力全生命周期溯源
3."电—碳"衍生服务及商

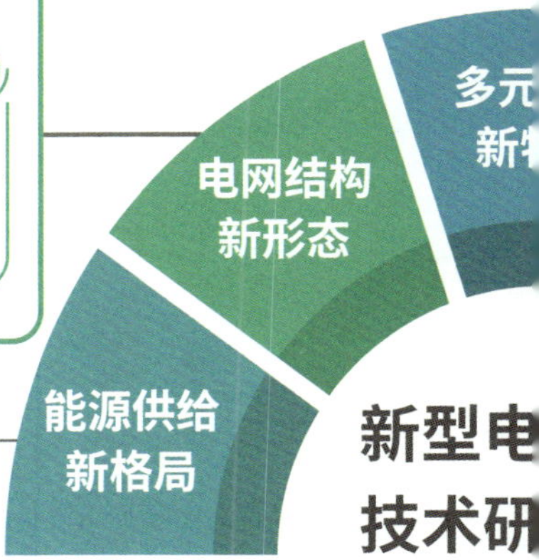

附图　新型电力系统技

参考文献

[1] 国家电网有限公司．构建以新能源为主体的新型电力系统行动方案（2021—2030年）［R］．北京：国家电网有限公司，2021.

[2] 中国电力科学研究院有限公司．对以新能源为主体的新型电力系统特征、战略、路径的思考及建议［R］．北京：中国电力科学研究院有限公司，2021.

[3] 舒印彪，张丽英，张运洲，等．我国电力碳达峰、碳中和路径研究［J］．中国工程科学，2021，23（06）：1-14.

[4] 周勤勇．如何构建符合“双碳”目标的新型电力系统［J］．能源，2021，（10）：28-32.

[5] 李更丰，邱爱慈，黄格超，等．电力系统应对极端事件的新挑战与未来研究展望［J］．智慧电力，2019，47（08）：1-11.

[6] 陈俊杰．构建新型电力系统 提升新能源电力支撑保障能力［J］．新能源科技，2021，（10）：28-29.

[7] 黄文琦，孙凌云，吴飞．数字电网三方面赋能构建新型电力系统［EB/OL］.（2021-12-22）［2022-06-15］.http://www.jjckb.cn/2021-12/22/c_1310388458.htm.

[8] 王耀华．能源新业态不断涌现 电力规划变革迫在眼前［EB/OL］.（2018-08-28）［2022-06-15］．http://www.cinn.cn/zbgy/dgdq/201808/t20180828_197507.html.

[9] 国家发展改革委，国家能源局．关于完善能源绿色低碳转型体制机制和政策措施的意见［R］．北京：国家发展改革委，国家能源局，2022.

[10] 舒印彪，陈国平，贺静波，等．构建以新能源为主体的新型电力系统框架研究［J］．中国工程科学，2021，23（06）：61-69.

[11] 赵东元．系列解读“以新能源为主体的新型电力系统”［R］．北京：清华大学能源互联网创新研究院，2021.

[12] 施念，康慨，孙振宇，等．能源互联网背景下的置信容量评估研究综述与展望［J］．能源与环保，2020，42（11）：101.

[13] 年中华．基于火电机组冷端系统的负荷快速响应研究［D］．北京：华北电力大学，2013.

[14] 艾芊，郝然．多能互补、集成优化能源系统关键技术及挑战［J］．电力系统自动化，2018，42（04）：10.

[15] MACHADO J, NEVES M V, SANTOS P J. Economic limitations of the HVAC transmission system when applied to offshore wind farms［C］//2015 9th International Conference on Compatibility and Power Electronics（CPE），Costa da Caparica, Portugal, IEEE，2015：69-75.

[16] 王秀丽，张小亮，宁联辉，等．分频输电在海上风电并网应用中的前景和挑战［J］．电力工程技术，2017，36（01）：15-19.

［17］王鑫，王海云，王维庆．大规模海上风电场电力输送方式研究［J］．电测与仪表，2020，57（22）：55-62.

［18］李学策．海岛多能互补微电网能量管理与控制技术研究［D］．天津：天津理工大学，2022.

［19］蔡欢，袁旭峰，熊炜，等．柔性互联配电网运行调度研究综述［J］．智慧电力，2022，50（06）：92-99+106.

［20］叶清泉，林厚飞，金建新，等．考虑经济性和灵活性的海岛微电网优化调度策略［J］．浙江电力，2022，41（03）：54-64.

［21］段锐敏，姜訸，覃日升．高渗透率分布式光伏下的配电网问题及解决方式［J］．电工技术，2022，（05）：113-115.

［22］臧宁宁．发挥资本市场作用　助力新型电力系统建设［N］．中国证券报，2021-10-18（A03）．

［23］韦善阳，黎静华，黄乾，等．考虑多重因素耦合的广义负荷特征曲线的模式分析［J］．电力系统自动化，2021，45（01）：114-122.

［24］李建林，武亦文，王楠，等．吉瓦级电化学储能电站研究综述及展望［J］．电力系统自动化，2021，45（19）：2-14.

［25］蔡旭，李睿，刘畅，等．高压直挂储能功率变换技术与世界首例应用［J］．中国电机工程学报，2020，40（01）：200-211+387.

［26］刘闯，孙同，蔡国伟，等．基于同步机三阶模型的电池储能电站主动支撑控制及其一次调频贡献力分析［J］．中国电机工程学报，2020，40（15）：4854-4866.

［27］徐光福，姜淼，王万纯，等．大型储能电池短路故障分析与保护策略［J］．储能科学与技术，2022，11（07）：2222-2232.

［28］陈浩，石辉，周过海．湖南分布式储能电站集中控制可行性分析［J］．湖南电力，2021，41（05）：97-100.

［29］沈阳武，宋兴荣，罗紫韧，等．基于模型预测控制的分布式储能型风电场惯性控制策略［J/OL］．上海交通大学学报，2020-06-30，1-9［2022-06-15］. https://kns.cnki.net/kcms/detail/detail.aspx?dbcode=CAPJ&dbname=CAPJLAST&filename=SHJT20220518000&uniplatform=NZKPT&v=wW2MgHscxw3aq-CrmeZlc57g9SBhxWXNPKU32rlDRTZ-OLxvNoRjSzbdzFnQ9ViQ. DOI:10.16183/j.cnki.jsjtu.2022.134.

［30］李建林，方知进，谭宇良，等．电化学储能系统在整县制屋顶光伏中应用前景分析［J］．太阳能学报，2022，43（04）：1-12.

［31］李兆伟，方勇杰，李威，等．电化学储能应用于电网频率安全防御三道防线的探讨［J］．电力系统自动化，2020，44（08）：1-7.

［32］许传博，刘建国．氢储能在我国新型电力系统中的应用价值、挑战及展望［J］．中国工程科学，2022，24（03）：89-99.

[33]霍现旭，王靖，蒋菱，等．氢储能系统关键技术及应用综述[J]．储能科学与技术，2016，5(02)：197-203.

[34]侯慧，刘鹏，黄亮，等．考虑不确定性的电—热—氢综合能源系统规划[J]．电工技术学报，2021，36(S1)：133-144.

[35]李建林，李雅欣，周喜超，等．储能商业化应用政策解析[J]．电力系统保护与控制，2020，48(19)：168-178.

[36]俞容江，陈致远，尹建兵，等．第三方投资共享储能电站商业模式及其经济性评价[J]．南方电网技术，2022，16(04)：78-85.

[37]董凌，年珩，范越，等．能源互联网背景下共享储能的商业模式探索与实践[J]．电力建设，2020，41(04)：38-44.

[38]国家电网有限公司．新型电力系统数字技术支撑体系白皮书(2022版)[R]．北京：国家电网有限公司，2022.

[39]王楠，张粒子，舒隽．基于粒子群修正策略的机组组合解耦算法[J]．电网技术，2010，34(01)：79-83.

[40]陈政，尚楠，张翔．兼容多目标调控需要的新型容量市场机制设计[J]．电网技术，2021，45(01)：198-207.

[41]苏南，杜祥琬．新型电力系统如何实现"可能三角"[EB/OL]．(2021-12-23)[2022-06-15]．http://www.cnenergynews.cn/dianli/2021/12/23/detail_20211223114165.html.

[42]董旭柱，姚森敬．数字化赋能新电力[N]．人民日报海外版，2021-08-24(08).

[43]彭娜．全国能源转型 有了青海样本[N]．西海都市报数字报，2022-06-07(A版).

[44]赵帅杰．新能源成为甘肃第一大电源[N]．人民日报，2022-04-07(10).

[45]于瑶．率先探路 宁夏构建新型电力系统[EB/OL]．(2022-04-25)[2022-06-15]．http://www.jjckb.cn/2022-04/25/c_1310571987.htm.

[46]许德操．青海新型电力系统示范区构建设想[EB/OL]．(2022-04-15)[2022-06-15]．https://max.book118.com/html/2022/0418/5002030103004214.shtm.

[47]杨勇．打造新型电力系统省级示范区样板[J]．中国电业，2021(10)：6-7.

[48]国网福建省电力有限公司．国网福建电力关于构建新型电力系统省级示范区实施方案(2022—2045年)[R]．福建：国网福建省电力有限公司，2022.

[49]张占奎，石文辉，屈姬贤，等．大规模海上风电并网送出策略研究[J]．中国工程科学，2021，23(04)：182-190.

[50]杜燕飞．能源保供再添动能 我国首个柔性直流海上风电项目首批机组并网发电[EB/OL]．(2021-11-12)[2022-06-15]．http://finance.people.com.cn/n1/2021/1112/c1004-32281117.html.

[51]徐梓沐，朱李，倪晓军．浙江台州：35千伏柔性低频输电示范工程海缆敷设完成[EB/OL]．(2022-05-12)[2022-06-15]．https://data.cloud.m.sgcctop.com/portal/omp/clt/

resource/web/H5/dianwangnews/newsDetail.html?contId=1001073403.

[52]国家发展改革委，国家能源局．关于促进新时代新能源高质量发展的实施实施方案［R］．北京：国家发展改革委，国家能源局，2022.

[53]曹淼，李源．国家电网：河北丰宁抽水蓄能电站投产发电［EB/OL］.（2021-12-30）［2022-06-15］. http://finance.people.com.cn/n1/2021/1230/c1004-32320772.html.

[54]国家发展改革委，国家能源局．氢能产业发展中长期规划（2021—2035年）［R］．北京：国家发展改革委，国家能源局，2022.

[55]张煜欢．国内首个海岛“绿氢”示范工程投运 探索“零碳”供能［EB/OL］.（2022-06-15）［2022-06-15］.http://www.chinanews.com.cn/cj/2022/07-08/9798964.shtml.

[56]国家发展改革委，国家能源局．关于推进电力源网荷储一体化和多能互补发展的指导意见［R］．北京：国家发展改革委，国家能源局，2021.

[57]李欣忆．全球首个梯级水光蓄互补电站在川投运 能实现水电和光伏互补，每年增加光伏发电量225万千瓦时［EB/OL］.（2022-05-14）［2022-06-15］. https://epaper.scdaily.cn/shtml/scrb/20220514/274069.shtml.

[58]张蕾，郁丹琦，徐晶，等．钱塘江畔这个零碳示范工程投运让绿电驶上“快速路”［EB/OL］.（2022-05-25）［2022-06-15］. https://zj.zjol.com.cn/news.html?id=1865776.

[59]尹立群，黄志都，张镱议，等．面向新型电力系统的智能防灾减灾技术探索［EB/OL］.（2022-01-06）［2022-06-15］. http://www.chinapower.com.cn/dlxxh/wlw/20220105/126594.html.

[60]周孝信，陈树勇，鲁宗相，等．能源转型中我国新一代电力系统的技术特征［J/OL］．中国电机工程学报，2018-04-05，38（07）：1893-1904+2205［2022-06-15］. https://kns.cnki.net/kcms/detail/detail.aspx?dbcode=CJFD&dbname=CJFDLAST2018&filename=ZGDC201807001&uniplatform=NZKPT&v=m3bavLRnQWKHQjZWvzRJROscev2GB5BDL8m3l-ge27n-IcdrQn3VMCe5JsZs7fE1.DOI:10.13334/j.0258-8013.pcsee.180067.

[61]冯永晟．从容量机制看中国电力市场建设［J］．中国能源，2022，44（08）：39-46.